新自然主義

我們想要的未來4

SDGs
地方治理實踐手冊

官方民間最實用的
地方創生、社區改造知識與方法

高木超 著

未來世代也一樣，

創造人人都能安心居住的環境。

實現的關鍵就在 SDGs。

序章
SDGs 與地方自治團體

STEP 1
透過體驗遊戲認識 SDGs

STEP 4

以方案邏輯模式來評估、共有解決對策

終章

更進一步實踐 SDGs X 地方自治團體

把 SDGs 視角看到的問題,
與行政組織做連結!

　　高木超教授寫的《SDGs 地方治理實踐手冊》,是一本可以指引地方政府官員有效推動 SDGs、非常實用的指導手冊。這本書將 SDGs 活用在地方政府的方法分成四個步驟來介紹:(1) 透過體驗遊戲來認識 SDGs;(2) 以系統思考的方式來俯瞰地區面臨各種課題的構造與相互關聯,並從設定未來目標來反思現在應採取的變革;(3) 用 SDGs 整理、檢查這些課題,讓 SDGs 與解決課題的策略合而為一;(4) 以方案邏輯模式善用指標來評價政策及測量進度,並透過報告及分享與多方利益相關者一起解決問題。這些步驟、方法在面對實際狀況時真的能夠發揮功用,書中也介紹了不少實際的例子,相信對於那些有心在地方政府推動 SDGs 的朋友會有不少的啟發。

　　在地行動對於解決全球永續發展問題至為重要,地方政府更是扮演關鍵的角色,這本書將會是一本很實用的參考書,在台灣各地協助實踐、落實 SDGs 於各種地區課題,讓台灣可以邁向一個更永續的未來。

社團法人台灣環境教育協會理事長　張豐藤

SDGs 其實就是社會不能可持續發展的 17 個大麻煩，要解決的就是身處弱勢地理位置之弱勢族群背後弱勢的議題，地方自治團體肩負重任責無旁貸。本書作者高木超先生善用簡單並結構化的方法為地方公務員點燈照路，是共融從地方做起必讀的指引，更是 SDGs 修煉解方的藥引。

KPMG 安侯永續發展顧問股份有限公司董事總經理 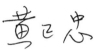

　　呼應國際趨勢，我國從中央政府各部會到城市，這幾年逐步推動永續發展目標並發布自願檢視報告。高木超先生長期投身 SDGs 研究並參與第一線地方政府運作，累積豐富實務經驗，透過淺顯易懂的文字和遊戲活動，不光只是政府公職人員，對各行各業有心了解 SDGs 的人士都是很好的工具。期盼更多人理解 SDGs 並以行動響應，為我們共同的未來而努力。

中華民國無任所大使・台灣永續能源研究基金會董事長 

從理念到行動：釐清、解惑到實踐

　　永續發展是我們共同面對的全球挑戰，而地方自治團體在實踐永續發展目標（SDGs）方面，扮演著相當關鍵與重要的角色。為了引導地方政府機關更有效地推動 SDGs，極力推薦高木超教授所著的《SDGs 地方自理實踐手冊》。

　　這本書以系統思考的方式，幫助讀者將地區課題的關聯性可視化。透過系統思考，地方政府機關可以深入了解不同議題之間的相互作用，從而制定更全面、協調的解決方案。SCENE 1 中，本書引導讀者使用系統思考方法，以促進地區課題的整合與解決。此外，本書 SCENE 2 提出了盤點研究的方法，這是非常重要一環。透過回溯研究，地方政府機關可以設定明確的目標並引入新觀念，將 SDGs 與地方自治團體的策略融合為一。這種研究方法有助於審視過去的經驗，從中學習，並以更有針對性的方式制定可行的行動計畫。在方案邏輯模式的引導下，本書鼓勵地方政府機關評價和共有解決對策。透過方案邏輯模式，我們能夠更清晰地理解 SDGs 在地方自治團體中的應用方式，並評估其可行性和成效。這有助於確定最佳的解決方案，並將其與利害相關者共享，促進合作和共識。

　　在永續發展教育的推動中，這本書的價值不僅在於提供知識和方法，更在於激發思考和行動。它鼓勵地方政府機關從更廣泛的利益相關者中尋求合作和共識，以實現永續發展目標。透過研討會和集思廣益的方式，地方政府機關可以促進對 SDGs 的應用和解決方案的共有，從而產生實質效益。永續發展教育的推動，需要結合理論與實踐，需要跨部門和跨領域的合作。《SDGs 地方自理實踐手冊》提供了這樣的框

架和工具，使地方政府機關能夠更好地理解和應用 SDGs，並與利害相關者共同制定解決方案。

正如印度哲人古里希那穆提所言：「教育的真正意義是自我了解。」當我們探索永續發展教育時，我們不僅是在尋求如何傳遞永續發展的知識和技能，更是在呼應克里希那穆提的智慧，鼓勵學生進行一生的學習。永續發展教育應該以學生為中心，幫助他們認識自己的價值觀、信念和抱負。透過自我瞭解，學生能夠明確自己的貢獻和影響力，並意識到他們在實踐永續發展目標方面的重要性。透過永續發展教育，我們為學生提供了一個學習和成長的機會，幫助他們發現自己的潛能和熱情，並激發他們成為永續發展的倡導者和改變者。最終，這種教育不僅僅是關於學習知識，而是關於學習如何成為一個更完整、更有意義的人。這是一個持續終身的過程，要求我們不斷反思和成長。

讓我們在追求永續發展教育的道路上，透過克里希那穆提的智慧，將自我了解視為教育的真正意義。持續的學習和成長，我們可以啟發學生的內在潛能，並共同建立一個更永續、更和諧的未來。在這個全球挑戰的時代，永續發展教育是一個迫切的議題，而地方政府機關作為推動者和實踐者的角色至關重要。《SDGs 地方自理實踐手冊》作為一本重要實踐的參考書，幫助地方政府機關加強他們對 SDGs 的理解，並提供實用的工具和指南，推動永續發展的實踐。這本書將成為重要的指導手冊，也可能引領推動永續發展教育方面取得更大的成果。讓我們一同努力，為我們的社區和未來創造一個更永續的世界。

台中科技大學通識教育中心專任副教授　何昕家

理想需藉由思考與練習逐步實踐

　　1970 年代，二次大戰之後快速的工商發展帶來重大的環境挑戰，各界開始反思，我們是否該正視人類文明的發展軌跡，並且做出必要的調整，否則下一個世代將面臨嚴酷的生存發展危機。1987 年聯合國發布「我們共同的未來」報告書，明確揭示了「永續發展」的定義與重點。簡而言之，「跨世代正義」是永續發展的核心概念，而經濟、社會、環境三面向的平衡則是思考的框架。這在當時覺得有些陳義甚高的說法，在目前全球進入氣候緊急狀態，生物多樣性嚴重喪失等重大威脅下，不禁讓人對當初擘畫者的高瞻遠矚感到佩服。

　　聯合國永續發展目標（SDGs）則是聯合國在 2012 年的「里約 +20」會議的重要決議，是聯合國接續千禧年目標（MDGs）的另一個 15 年目標。2015 年 9 月，SDGs 在聯合國大會通過，主要國家領袖與天主教教宗均現場表達了對 SDGs 的高度期待，全球企業界、政府與學術界，逐步開始瞭解與推廣這一套詮釋永續發展的新思維模式，也開始發展各類較容易「無痛」入手的工具與活動，並且從國家層級的願景轉化為在地關懷與個人行動。這本由高木超先生撰寫的《SDGs 地方治理實踐手冊》即為一本兼具資訊提供、價值形塑與操作實踐功能的書籍。

　　教育推廣者面對重要議題，通常遇到的最大挑戰就是如何讓學習者，尤其是沒有義務參與的大眾願意開始學習。作者透過體驗型遊戲，讓在地民眾瞭解 SDGs 的主旨並非「教育大家何謂永續發展」，而是「協助大家完成永續發展」。作者亦強調「系統思考」的重要性，並使用視覺化與目標設定的策略，讓參與者瞭解設定目標的重要性，與不同

事物之間的交互連結的自然特質。上述這二項要點事實上就是聯合國長期推動的「永續發展教育」（education for sustainable development, ESD）的核心，亦即 ESD 是「為了」推動與實踐永續發展而實施的教育活動，並非教大家什麼叫做永續發展；此外，系統思考與批判思考是處理複雜事物的基本功，界定系統的範疇、設定目標，且找出系統中各種角色之間的關係，再藉由討論與辯證找出關鍵點，相當適用解決複雜的地方永續發展議題。

作者在前二章的基礎說明與後二章的案例分析中，持續強調評量與監測的重要性，也告訴了我們執行地方永續發展計畫時，必須遵循一般專案管理中的 PDCA（計畫、執行、檢查、行動）原則，方能逐步接近預設的目標。過去幾年我自己參與企業、政府、大學與中小學的 SDGs 各類推廣與教育活動，常發現較為平面的理解與「連連看」類型的運用頗多，深入而有立體感的案例比例較低，這關鍵即在於我們對於 SDGs 的核心價值的討論較少。在本書中，作者強調了使用 SDGs 的幾個基本原則，包括普遍性、包容性、協力策畫、統合性、透明性等，提點了使用者需時時檢視 SDGs 的操作原則。事實上，多樣化（diversity）、包容（inclusion），與不拋棄所有人（no one left behind）等核心價值是我們推動永續發展與使用 SDGs 這全球共通框架時需要特別關注的重點。

2023 年 7 月 1 日，適用於 2016 到 2030 年的 SDGs 正式進入生命週期的後半段，這也提醒我們該更積極地透過這本書增進我們對於 SDGs 的瞭解，且具體實踐。

台灣師範大學永續管理與環境教育研究所教授　葉欣誠

期待 SDGs 提升台灣各地的永續發展

本書針對聯合國「永續發展目標（以下簡稱，SDGs）」活用於地方自治團體的方法，分成：① SDGs 的基本理解、②課題的視覺化及目標設定、③既有事業的整理及檢查、④政策的評估及共有等四個步驟來介紹。從本書的構成就能知道，這是一本希望 SDGs 能在面對實際狀況時，發揮功用而寫的「實用書」。

首先，在① SDGs 的基本理解。不是用教科書式的授課方式，而是與讀者分享體驗型遊戲「2030 SDGs」，來理解 SDGs 的方法。因為不是所有人都對 SDGs 有興趣，所以透過遊戲的方式，製造讓當地人願意理解 SDGs 重要性的契機。

接著是②課題的視覺化及目標設定。關於 SDGs 的重要點在於「相互連結」，會以系統思考的概念一併介紹。然後，具體說明透過設定「具有企圖心的目標」，以回推方式檢視應採取什麼樣行動的「回溯分析法」。是否理解這些特點，就是能否有效運用 SDGs 的分歧點。本章特別規劃了不需要購買特別道具，只要使用行政機關既有的文具用品，就能進行的研習活動，以及具體的進行方法。

然後是③既有事業的整理及檢查。分享如何「由外而內」從外部的觀點再次審視自己作法的方法，並透過案例解說地方自治團體的 SDGs 策略。本章也會討論具體的課題解決對策，以及分析在工作坊中執行解決對策時，可能會產生權衡問題。

最後的④政策的評估及共有。本章解說 SDGs 設定的 232 項指標（當時）的重要性，以及介紹如何讓指標套用在各地區，並分享了參加型活動來進行評估的案例。

讀完本書所介紹的各步驟後，各位讀者不但能掌握 SDGs 這個概念，理解地區具體進行的對策外，藉由工作坊的實施，成為地區的 SDGs 實踐者。

本書是我第一本出版的作品，所以投入非常多的心力。期待能有更多人閱讀，也期待 SDGs 對提升台灣各地區的永續發展有所幫助。

高木超

SDGs 普及於日本的社會

日本自 2015 年 9 月採用永續發展目標（Sustainable Development Goals：SDGs①）以來，已經超過 4 年了（編注：本書初版於 2019 年）。這期間不只是在國際社會上，就連在日本國內 SDGs 也慢慢開始普及。

事實上，朝日新聞社在 2019 年 8 月便以居住在東京、神奈川的 3,000 位民眾為對象進行調查，對於「聽過 SDGs 嗎」的這個問題，有 27％ 的受調查者回答「有聽過」。

但在這之前，2017 年 7 月，朝日新聞社也進行過相同的調查（接受調查者 3,136 名），而對同樣的問題，回答「有聽過」的人只占 12％，這不免讓人產生「雖然不是急遽上升，但確實已受到影響」的聯想。另外，在有許多大企業總公司的東京都大手町，常可見到街上上班族的胸前，別著 17 種顏色的 SDGs 彩色徽章，閃閃發光，讓人確實感受到普及的程度。

只不過，所謂的 SDGs 並不只以「聽過 SDGs 的人數增加」，或是「讓世界處於可永續的狀態」為目的。不能忽略持續推進 SDGs 的里程碑，加深對 SDGs 的認知程度，以及對 SDGs 充分理解，還要實際採取讓世界處於可永續狀態的行動才是最為重要的。

日本地方自治團體②對此議程所採取的行動，可以從設置於內閣府的「地方自治團體 SDGs 促進評估‧調查檢討會（以下稱檢討會）」，在 2019 年 10 月至 11 月進行的 SDGs 認知度調查中觀察到，有所回應的 1,237 個地方自治團體當中，表示「不知道 SDGs 存在」的，只有 0.1％（2 個地方自治團體）。而在同一調查中，超過一半以上的地

SDGs X 地方自治團體理解刻度表

對你而言，SDGs 是在哪一個階段呢？

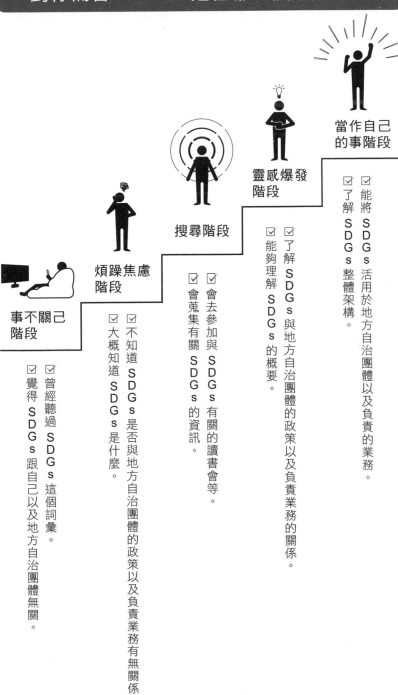

當作自己
的事階段

靈感爆發
階段

搜尋階段

煩躁焦慮
階段

事不關己
階段

☑ 曾經聽過 SDGs 這個詞彙。

☑ 覺得 SDGs 跟自己以及地方自治團體無關。

☑ 大概知道 SDGs 是什麼。

☑ 不知道 SDGs 是否與地方自治團體的政策以及負責業務有無關係。

☑ 會去參加與 SDGs 有關的讀書會等。

☑ 會蒐集有關 SDGs 的資訊。

☑ 能夠理解 SDGs 的概要。

☑ 了解 SDGs 與地方自治團體的政策以及負責業務的關係。

☑ 能將 SDGs 活用於地方自治團體以及負責的業務。

☑ 了解 SDGs 整體架構。

方自治團體知道 SDGs 的存在，當中回答「對 SDGs 非常有興趣」或是「對 SDGs 有興趣」的地方自治團體占全體的 84％（1,044 個地方自治團體）。而對「為了達成 SDGs 是否採取了什麼對策呢」的問題，回答「正在推動中」的地方自治團體有 19％（241 個地方自治團體），而回答「預計今後會推動」或「預計今後會討論是否推動」的地方自治團體則有 65％（814 個地方自治團體）。

■ 思考自己對 SDGs 的理解程度

對地方自治團體的員工來說，或許會對「SDGs 這一項國際社會的共同目標，為何會跟自己的工作有關」而感到疑惑吧！因此，希望能從前頁的「SDGs X 地方自治團體理解刻度表」思考這個問題：

事不關己階段：是指曾在媒體上看過 SDGs 這個說法，但卻認為與自己或地方自治團體無關的階段。

煩躁焦慮階段：是已經對 SDGs 有些許了解，但是卻無法理解為何會跟地方自治團體的政策以及自己負責的業務有關，處於感到煩躁的階段。

搜尋階段：在平時就會去蒐集有關 SDGs 的訊息，並且試著參與相關的研討會，為了更理解 SDGs 而會主動去蒐集資訊的階段。

靈感爆發階段：是指能理解 SDGs 概念，並且能整理出其與地方自治團體的政策以及自己負責的業務的關聯性，會立刻採取行動的階段。

當作自己的事階段：是指能將 SDGs 觀念善加運用於地方自治團體的政策，以及自己所負責的業務上，並且採取具體的行動，讓地區能永續發展，進而邁向世界的永續發展。

這份「SDGs 理解刻度表」是筆者在進行 SDGs 相關演講時，為了瞭解參與者在面對 SDGs 時，究竟會對哪一個部分感到困惑而使用的。實際上，超過半數的參與者處於「煩躁焦慮階段」或「搜尋階段」，並且尋求能進入「靈感爆發階段」的方法。希望讀者們能透過本書到達「當作自己的事階段」，並且將 SDGs 活用於地方自治團體。

■ 本書的構成

在序章中，我們會對地方自治團體員工應該具備的 SDGs 基本知識加以說明。如果是對 SDGs 毫無概念的讀者，作為閱讀本書的暖身，序章只要輕鬆看過就可以了。

之後，會把在地方自治團體運用 SDGs 的過程分成四個步驟，針對每一個步驟的主旨，介紹適合的研習活動，以及在地方自治團體進行的實例。希望能透過本書所介紹的研習活動，可以跟行政機關活用的 SDGs 有所連結。

最後一章，除了會介紹領先創造出 SDGs 未來都市等實踐模型的國內地方自治團體，也會提供有助於地方自治團體進一步去推動 SDGs 的關鍵點。

當地方自治團體為達成 SDGs 目標而設定政策時，與其眉頭緊鎖的進行會議，不如與利益相關者一起腦力激盪會更有效。希望本書能發揮、鼓勵「踏出第一步」的功能，這是我最高興的事了。

高木超

參考文獻

1. 朝日新聞社「SDGs 認知度調查 第 5 回報告」
   https://miraimedia.asahi.com/SDGs_survey05/
   （最終存取日：2019 年 12 月 27 日）

2. 朝日新聞社「SDGs 認知度調查報告」
   https://miraimedia.asahi.com/awareness_survey/
   （最終存取日：2020 年 1 月 6 日）

3. 內閣府、地方自治團體 SDGs 推進評價‧調查檢討會
   「令和元年度 SDGs 相關之全國問卷調查結果」
   https://www.kantei.go.jp/jp/singi/tiiki/kankyo/kaigi/dai20/SDGs_hyoka20_shiryo6-1.pdf
   （最終存取日：2020 年 1 月 15 日）

序章

SDGs
與地方自治團體

SDGs 所追求的目標

2015 年之後，日本全國各地的地方自治團體接二連三發出「本市積極推動 SDGs」，或是「本縣將推動傳遞 SDGs 理念縣政」的宣言，SDGs 已成為行政推動上的新關鍵點。

所謂的 SDGs（Sustainable Development Goals），是 2015 年聯合國提出的世界共同目標，日文翻譯為「持続可能な開発目標」。SDGs 的核心目標有 17 項，達成期限為 2030 年。在過程中，希望都道府縣以及市町村都能共同參與。

從字面來看，SDGs 或許是一個意思有點複雜難懂的英文，但其實它卻是與行政的一般業務，以及我們生活的社區有著密不可分的關係，因此希望各位讀者能以平常心來閱讀本書。換句話說，SDGs 就是以「讓自己生活的地區能夠永續發展」為目標。

首先，要讓大家了解的是，SDGs 並不是交給被稱作是「超級公務員」的員工來負責就好的事情，它是需要地方自治團體內所有員工共同合作才能完成的。沒錯，需要借助正在讀本書的各位的力量。

各位讀者看過下一頁的圖嗎？

內心吶喊著「我知道，這是 SDGs 的標誌對吧」的你，曾經想到 SDGs 的標誌代表什麼意思嗎？

如果從未想過，那麼請試著將英文標語翻譯成中文，然後想看看，正方形標誌內的插畫究竟表達了什麼（請掃描右頁 QRcode）？

圖表 1 SDGs 的標誌可讓我們想到 2030 年的未來計畫圖（出自：聯合國宣傳中心）

　　首先，左上方寫了數字 1 的正方形裡面，寫了「NO POVERTY」。直接翻譯的話，就是「沒有貧困」。第二個正方形的「ZERO HUNGER」則是「零飢餓」。第三個正方形的「GOOD HEALTH AND WELL-BEING」是「良好健康與福祉」。第四個正方形「QUALITY EDUCATION」是「高品質的教育」。由 1 到 17 直接翻譯出的標語內容所建構而成的，就是 2030 年的世界「未來計畫圖」了。

　　要是覺得「嗯～好難喔」，那麼試著在直翻出的內容後面加上「～的狀態」。

　　像「NO POVERTY」是「沒有貧困（的狀態）」，而「ZERO HUNG-ER」則是「零飢餓（的狀態）」，那麼「GOOD HEARTH AND WELL-BEING」則是「良好健康與福祉（充足的狀態）」，而「QUALITY EDUCATION」就是「（提供）高品質教育（的狀態）」。將所有標語的內容當作是「未來的狀態」，就能解讀 17 項標誌的意思了。

試試看，參考 1 至 8 的標語寫出一段未來計畫圖像的文章，那麼應該就能寫出「2030 年 12 月 31 日，所有人將不再因貧窮與飢餓而受苦，並且能夠飲用安全無慮的水以及使用對環境負荷最小的電力來健康的生活，不再有性別歧視，且能享有教育及獲得具工作價值的工作機會。而且……」的世界狀態。這就是 SDGs 標語所表現的未來。

　從自己居住的城市開始，以這樣的觀點來重新思考 SDGs 標語。剩下不到 10 年的時間，我們可以先從，這個未來藍圖能否在所居住的城市實現，以及與目標還有多少差距開始思考。

SDGs 的基礎知識

　或許已有許多人知道，但還是先將 SDGs 的基礎知識為大家做個整理！

■ 世界共同的目標

　SDGs 由 17 項核心目標所構成，達成期限設定在 2030 年。就如圖表 1 的 17 項標語，包括了重視地球暖化、海平面上升議題的**氣候行動**（SDG13），以及**性別平等**（SDG5）等，當中也有日本過去就亟待解決的項目。

　SDGs 同時反映出一些與我們切身相關的課題，可說是一個能將世界各國所面臨到的重大課題，運用 17 項切入點，所整理出來的「整理工具」。

　話雖如此，大多數的地方自治團體都是從基本的構想、規劃、實際執行開始，設定一個綜合性的計畫，然後再按照此計畫去達成目標。此作法可能會產生，地方自治團體究竟應該讓既存目標去配合 SDGs

的 17 項核心目標（SDGs Goals）呢？還是只需要把地方自治團體設定與 SDGs 核心目標有關的挑選出來進行即可呢？這個話題曾引起不小的爭論。

只不過，這些爭論都不是最重要的。這是因為 SDGs 只不過是全世界在 2030 年以前，最起碼應該要達成的里程碑。譬如，如果你手上一天只有 100 日圓（約台幣 22 元）可以使用，每天都處在吃不飽的狀態，雖然艱困但你還是會忍耐吧？但是，要是重要的家人因為空氣污染而健康受到危害，你有可能會選擇不去解決、改善自己家人所居住的城市嗎？

SDGs 希望達成的目標，大部分都是一些看起來很「理所當然」的事。但這或許能讓我們重新思考，這些「理所當然」的日常是否能夠持續到將來。

■ 達成期限在 2030 年

SDGs 是以 2016 年到 2030 年這 15 年為目標。稍後會提到的 MDGS（千禧年發展目標）是 SDGs 的前身，是以 2001 年到 2015 年這 15 年為目標，與 SDGs 一樣都是以 15 年為目標期間。

SDGs 是在 2015 年 9 月的聯合國發展高峰會中，經過會員國全體一致同意，訂定在 2030 年讓世界有所改變的目標。

■ 由 17 項核心目標、169 項細項目標、232 條指標所構成

SDGs 是由 17 項核心目標（SDGs Goals）、169 項細項目標（SDGs Target）以及 232 條指標（SDGs Indicator）所構成的。細項目標是為達到核心目標所制定出執行方向性，是世界共通的要素。為了能實際運用 SDGs，利益相關者必須斟酌目標地區的狀況，思考為達成細項目

標需要採取什麼樣的行動。就像在已重新翻整的廣大土地上，一邊描繪出可抵達終點的地圖，一邊思考應該採取哪種方式以及策略，而這些都必須親自去做才行。

SDGs「核心目標」就是把一些，像是「貧窮」（SDG1）、「飢餓」（SDG2）以及「採取行動應對氣候變遷」（SDG13）等，全世界面臨且必須解決的問題，區分成 17 種項目。也就是說，完成這 17 項課題是實現世界永續發展最起碼的必須要件。

接著，每一項「核心目標」都設定了數項的「細項目標」，這些都是完成目標之前應達到的階段任務與關注焦點，同時，「細項目標」也針對目標的方向性做了描述。每項「細項目標」下面設定了「指標」，包括達成「細項目標」所採取的行動策略成效，以及協助掌握執行進度的數據等。

譬如，關於 SDG1「消除貧窮（的狀態）」，設定「在 2030 年前，消除所有地方的極端貧窮[1]，目前的定義為每日的生活費不到 1.25 美元（約台幣 38 元）。」（**細項目標 1.1**）[2]等 7 項細項目標。採用了像是「生活在國際貧窮線以下的人數比例（性別、年齡、雇用方法、地區類型（都市／地方）別的指標（**指標 1.1.1**）作為改善政策以求能達成細項目標的數據）。

運用這個數據整理出每日生活費不到 1.25 美元的人們，性別、年齡及僱用方法、地區類型等詳細資料，可以透過此數據分析導致貧窮的原因是性別（男女薪資差）、年齡（兒童勞動等）、雇用方式（產業結構），還是生活地區（地區的薪資差異）。了解主要原因後，訂定解決課題的對策就會更有效，也才能制定出高品質的政策。

SDGs 的「指標」具備兩種功能，不但能從測量達成度的「監控」，也可從「指標」導引出的數值與原有目標數值之間的差距，調整對策略有幫助的資訊「評估（Evaluation）」。在聯合國等國際機構，一般

都以「監控與評估」觀念作為基礎的。

不過，在日本國內容易將「評估」與確認內容是否正確的「監督檢查」搞混。

因此，要是地方自治團體的員工，把以「指標」來設定出的數據，單純解釋成「管理進度的目標數據」的話，那麼可能就會將原本只是要用來正確掌握現況，以便於在改善政策及施政時，有助於必要對策討論的「為設定指標而去做的數據調查」當成目的了。結果，員工可能會產生「不知道為了什麼測量數據」，也就是陷入「評估疲乏」，這點要特別注意。

按照屬性及特徵而細分的資訊有多重要，從在聯合國總部進行的SDGs 相關會議上，經常聽到的關鍵詞便可略知一二。

表現出 SDGs 特徵的五個關鍵詞

我們進一步借用日本政府介紹的五個關鍵詞來說明 SDGs 的特徵吧！

■ 1. 普遍性

首先，在普遍性方面，從聯合國的 193 個會員國都同意此共同目標可以看出，SDGs 不但是世界共同推動的目標，同時國際社會也願意一起設法解決問題的作法是前所未見的。

SDGs 的前身，千禧年發展目標（MDGs）主要是以降低開發中國家的嬰幼兒死亡率，改善孕產婦健康為主要內容。這是包括日本及美國等先進國家在內，由人民所發起的具體行動。

但受到全球化的影響，貧窮問題不光只會在開發中國家發生。先進國家在衣服製造過程中，可能會有兒童勞動，或是受教育的機會被剝

奪的情形發生，這些都與貧窮有關，先進國家的日常生活其實也跟開發中國家的貧窮問題息息相關。唯有了解問題的來龍去脈，方能解決先進國家與開發中國家的問題。

■ 2. 包容性

地方自治團體在採用 SDGs 時，會看到「反映 SDGs 理念」的說法，而此 SDGs 理念是在強調「沒有人會被拋下（No one will be left behind）」的決心。

要是將 SDGs 理念套用在日本國內的地方自治團體，是否能讓我們想像到，那些發生貧窮機率相對較高的「單親家庭」，以及身心障礙者等，在社會上處於較不利狀態的人們，他們的地區社會架構呢？而這種狀況從全球性層面來看也是相同的，它所指的是任何人皆能平等使用的狀態。

譬如，SDG4 優質教育是「確保包容和公平的優質教育，讓全民終身享有學習機會」；SDG8 尊嚴就業與經濟發展是「促進持久、包容和永續經濟增長，促進充分的生產性就業和人人獲得適當工作」，也有其他核心目標同樣也有「包容」（Inclusive）的意思。

■ 3. 協力策畫

所有利益相關者（stakeholder）在達成 SDGs 時所擔負的任務，就是所謂的協力策畫。

比方身邊常見的購物袋及寶特瓶有關的塑膠問題來說，SDG14 的標語，為了減少購物袋的使用、避免造成海洋污染，政府及行政機關必須採取「完整的法律制度」來限制；企業以及個人商店同樣也要採取「將發送的塑膠購物袋改成紙袋」等對策；然後消費者也是，能夠以「攜

帶環保購物袋」的行動來解決問題。

　　如此，各種不同主體皆以達成 SDGs 為共同目標，並各自採取行動，協力策畫就是 SDGs 的重要特徵。反過來說，要是有不願意協力參加的主體，那麼 SDGs 的達成就會延遲。

■ 4. 統合性

　　接下來，2030 年議程的前文以及宣言所寫，促使「經濟、社會、環境」三層面的協調，並且各方面都要達成是很重要的。

　　瑞典環境學者，約翰・洛克斯特羅姆（Johan Rockström）將此三層面整理成三層蛋糕，並以稱為「SDGs 婚禮蛋糕」的模型（圖表 2）來說明。

　　作為基底的部分是 SDG6 潔淨水與衛生等四項核心目標，用來呈現環境以及生物的多樣性（BIOSPHERE）。

　　第二層則是由 SDG5 性別平等等八項核心目標構成的，呈現出社會（SOCIETY）的層面。

　　最上層是 SDG8 尊嚴就業與經濟發展等四項核心目標，用來表示經濟（ECONOMY）層面。而在這三層階層的中央，由 SDG17 夥伴關係來上下雙向貫穿。

　　換句話說，希望「經濟」能永續發展的話，就必須要有完善法律制度的「社會」，以及人人都有健康的生活等，這些讓「社會」永續發展的條件為前提。同樣地，能永續發展的「社會」，就必須要有任何人都能安心地去飲用的水資源，以及海洋資源及陸地資源不匱乏的「環境」才可能成立。而為了要滿足這三個層面，就需要有跨領域的夥伴關係，這從圖表 2 可以清楚了解。

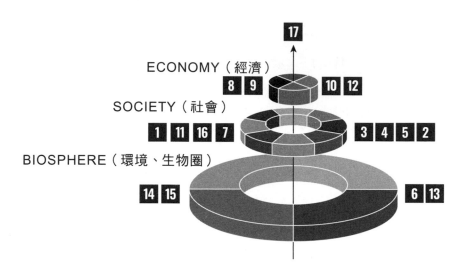

圖表 2 SDGs 婚禮蛋糕 （出自：筆者參考 Stockholm Resilience Centre 資料完成）

以地方自治團體來說，各科室的個別業務、各科室的措施、部門單位的政策、地方自治團體整體政策等，不論是在哪一個規模不同的階層，都要在經濟、社會、環境三層面取得平衡，並且致力於地方自治團體的經營。

話雖如此，但「知易行難」，單一科室想要完全滿足此三層面並不容易。包含縱向結構的各部會所交付的補助金，以及以法定受託事務為基礎，建構出的組織設計變革，都是地方自治團體必須解決的課題。

■ 5. 透明性

SDGs 所設定的 232 項「指標」，能夠測量業務的進度及成效，具有提升透明度的意義。

譬如，為達成 SDG 1 消除貧窮（NO POVERTY）而設定的「細項目標」中，目標 1.3 是「對所有的人，包括底層的人，實施適合國家

的社會保護制度措施，到了 2030 年，範圍涵蓋貧窮層及弱勢族群。」

　　想要測量此「細項目標」的完成度，設定了「在社會保障制度下受到保護的人口比例（性別、孩童、失業者、年長者、身心障礙者、孕婦、新生兒、職業災害受害者、貧窮層、弱勢族群）（1.3.1）」的「指標」。

　　日本的 SDGs 全球指標是由總務省管轄的，相關資訊可在外務省的網站「JAPAN SDGs Action Platform」③查詢。公開指標資訊的做法，在保有 SDGs 透明度是相當重要的。

　　永續發展高階政治論壇（HLPF）每年在紐約聯合國總部舉行，是確認國際 SDGs 發展進度相當重要的大會，會中的國家自願檢視報告（VNR）非常受到重視。所謂的 VNR，在永續發展高階政治論壇會中，由各國發表 2030 年議程的相關作法，是一個接受審查的機會，而且也是十分受到關注的活動。

　　2017 年，岸田文雄外務大臣（當時）發表了日本的做法。在發表中，岸田大臣提出，政府內部設置了「SDGs 推動總部」作為實施 SDGs 的基礎設備，經由來自各領域的利益相關者代表參與的「SDGs 推動圓桌會議」中，相互交互意見，制定出「SDGs 施行方針」。

　　另外，也與在世界掀起流行的 PIKO 太郎「PPAP」做連結，呈現出官民合作促進 SDGs 達成的「PPAP：Public Private Action for Partnership」，向世界展現日本的成果。

SDGs 推動總部與 SDGs 推動圓桌會議

　　日本政府是如何推動 SDGs 的呢？以時間軸來看，2016 年 5 月，內閣會議決定由內閣總理大臣擔任總部長，所有國務大臣為當然成員，設置「永續發展目標（SDGs）推動總部」，並且舉行了第一次會議。SDGs 推動總部成立之後，負責執行日本政府為達到 SDGs 目標所採取的措施，監控以及改善等功能④。並邀集行政、市民社會、學術研究者、國際機關、民間企業等，範圍廣泛的部門有識人士展開「永續發展目標（SDGs）推動圓桌會議」，並在同年 9 月舉行了第一次會議。

　　這些會議在經過各方討論之後，同年 12 月 SDGs 推動總部確定「永續發展目標（SDGs）實施方針」。此方針被列為日本進行 2030 議程時採取的國家戰略。方針規劃了「成為實現永續且強韌，不放棄任何人，經濟、社會、環境皆提升的未來先驅者」的藍圖，並且發表了把普遍性、包容性、協力策畫、統合性、透明性等 5 項主要原則以及 17 項核心目標，按照日本現有做法，重新規劃成的「8 個優先課題及具體施行政策」。

　　2019 年 9 月，SDGs 實施方針做出修正（2019 年 12 月修正），由 SDGs 圓桌會議的自願參加者擔任發起人，舉辦能廣泛聽取國民意見的參與型研習會「修改 SDGs 實施方針的利益相關者會議」。將聚集在東京聯合國大學的 200 位參加者，對實施方針修訂所提出的意見彙整起來，並向政府提出。能廣泛回饋國民意見的這一點，便是強調合作夥伴關係重要性的 SDGs 特徵之一。

藍圖：成為實現永續、堅韌，且不放棄任何人，經濟、社會、環境皆提升的未來
的先驅者。

實施原則：①普遍性、②包容性、③協力策畫、④統合性、⑤透明性及説明責任

8 個優先課題 ‒

促進所有人
積極活動

健康、長壽

市場成長的
創造地區活
性化、科學
技術創新

永續堅韌的
國土，以及
高品質基礎
設施建設

可省‧再生
能源、氣候
變遷對策、
循環型社會

生物多樣
性、森林、
海洋等的環
境保護

實現和平且
安全、安心
的社會

實施推動
SDGs 的體
制及方式

圖表 3　永續發展目標（SDGs）實施方針概要

為何地方自治團體致力於 SDGs 呢？

為何日本的地方自治團體，一定要去推動具備這些 SDGs 特徵的全球目標集合體呢？

如果是國際的目標，就不能將它視為只是中央政府的工作。因為 SDGs 對地方自治團體來說，也不是毫無關係的。這是因為在 2018 年夏天，包括紐約市及北海道下川町在內的許多都市，各自將推動 SDGs 的狀況寫成報告書，在地方自治團體自願檢視報告（VLR）中發表。參與 VLR 的國家相當廣泛，位於南美州阿根廷的布宜諾斯艾利斯市，以及歐洲英國的布里斯托爾市等都市也響應此活動。

雖說要致力於 SDGs，但因為需要去改變既有的社會構造，所以多少伴隨著困難。地方自治團體之所以投入 SDGs，並不是「因為是聯合國設定的目標」或是「因為政府在積極推動 SDGs」等消極理由。而是希望能透過活用 SDGs，讓地方自治團體的課題一目了然，然後再設法去解決，同時也可以從不同角度獲得順應潮流的新觀點等等。

但非常可惜的是，SDGs 既非一根能實現所有願望的「魔杖」，也不是所有政策只要能做到 SDGs，就能解決既有的問題。不過，只要能活用 SDGs，就會發現要描繪出「想成為這樣的地方自治團體」需要的要點，並且獲得啟發。

■ 融合多方面觀點的政策及施行措施

譬如，在 SDGs 出現之前就引起爭議的性別平等問題，就是很好的例子。2019 年 12 月，世界經濟論壇（WEF）公開發表的「性別差距指數 2019」中，在全世界 153 個國家中，日本居於 121 位。從我們身邊就可發現原因，譬如日本在決定某件事情時，不論規模大小，女性

參與的機會相對非常少。在 2018 年末，全國的 1,740 位市區町村長當中，女性只占 31 位。

而 2019 年 6 月，在 47 位都道府縣知事之中，女性知事只有東京都知事小池百合子，以及山形縣知事吉村美榮子 2 位。同樣在 2018 年的 12 月，都道府縣議會中的女性議員比例不超過全國平均的 10%，而沒有女性議員的市區町村議會則有 19.5%⑤。

此數據顯示，對實現適合女性生活的社會，「女性觀點」仍然十分欠缺。就像發生東日本大地震時，有受災民眾表示，「對地方自治團體準備的防災用品當中，沒有女性生理用品而感到困擾」，可見讓女性參與決策，可以有效提升政策執行的品質，進而讓民眾生活品質大大的提升。

不只女性，對於身心障礙者、年輕人、LGBTQ（女同性戀者、男同性戀者、雙性戀者、跨性別者、性少數者），以及外國籍居民等的政治參與也應有保障，並獲得社會的包容，這與提高「易於生活」及「城鎮活力」的地方自治團體價值極具關連性。

■ 解決超越領域、專業範圍的課題

各地區在面對像是少子、高齡化社會，以及防災等課題，應該採取何種對策的時候，可以從 SDGs 的特徵，也就是經濟、社會、環境三個層面來制定政策，並且去執行。這在解決不同範圍的課題時，可發揮加乘效果，讓全體政策最佳化，解決課題的可能性也會提高（遠藤 2019）。

除此之外，要在 2030 年前達到 SDGs 的狀態，必須從 2030 年回溯，以稱為「回溯分析」，這個具有特色的方法來思考目前的策略，這樣便能跨部門的解決課題，不但會更有效率且成效顯著，還能讓我們清

楚知道應該採取的方式。

　　積極運用 SDGs 的特徵，透過 SDGs 讓各科室的合作更加緊密，打破過去縱向的行政模式，不但能得到加乘效果，同時也可摸索出適合處理各課題的行政組織。

　　只要善於運用具備各種特徵的 SDGs，那麼地方自治團體採用 SDGs 所產生的優點自然就會呈現出來。那麼應該如何把 SDGs 實際運用在地方自治團體呢？從下一章開始，會介紹地方自治團體活用 SDGs 的具體步驟，以及實際案例。

1. 表示極貧窮的國際貧窮線，從 SDGs 當時採用的 1.25 美金，到 2015 年 10 月修改為 1.9 美金（世界銀行 2015）。

2. 本書中的 SDGs 細項目標、指標的日文翻譯，皆引用自總務省政策統括官（負責統計基準）所公開的內容（總務省 2019 年 8 月版）。

3. 外務省的網頁「JAPAN SDGs Action Platform」
https://www.mofa.go.jp/mofaj/gaiko/oda/SDGs/statistics/index.html
（最後存取日：2019 年 12 月 20 日）

4. 文部科學省「特集 促進 SDGs（永續發展目標）及科學技術創新」《平成 30 年版科學技術白書》
https://www.mext.go.jp/b_menu/hakusho/html/hpaa201801/detail/1418488.htm
（最後存取日：2020 年 2 月 4 日）

5. 內閣府「《女性的政治參與地圖 2019》彩色版（令和元年 10 月作成）」
https://www.gender.go.jp/policy/mieruka/pdf/map_josei_2019_color.pdf
（最終存取日：2020 年 2 月 10 日）

參考文獻

1. 外務省（2016）「第 1 章 MDGS 的成果與課題」《2015 年度版 開發協力白書》pp.2-20

2. 外務省（2017）「特集 永續發展之 2030 議程～永續發展目標為何有 17 個～」《外交青書 2016》pp.168

3. 外務省（2015）「MDGS 的成果與課題」《2015 年度版開發協力白書》PP.2-9

4. 環境省（2015）「第 1 章國際性組織的進展」《平成 27 年版環境白書・循環型社會白書・生物多樣性白書》pp.68-78

5. 總務省「永續發展目標（SDGs）」
https://www.soumu.go.jp/toukei_toukatsu/index/kokusai/02toukatsu01_04000212.html
（最後存取日：2019 年 5 月 3 日）

6. 內閣府「城市、人、工作創生基本方針 2018」
https://www.kantei.go.jp/jp/singi/sousei/info/pdf/h30-06-15-kihonhousin2018hontai.pdf
（最後存取日：2019 年 5 月 3 日）

7. 內閣府「SDGs 未來都市・地方自治團體 SDGs 模範事業」募集傳單
https://www.kantei.go.jp/jp/singi/tiiki/kankyo/teian/2019SDGs_pdf/2019leaflet.pdf
（最後存取日：2019 年 5 月 6 日）

8. 世界銀行「國際貧窮線、一天 1.25 美金修改至一天 1.90 美金」
https://www.worldbank.org/ja/country/japan/brief/poverty-line
（最後存取日：2019 年 5 月 3 日）

9. 聯合國環境計畫 "Single-use plastics: A roadmap for sustainability"
https://wedocs.unep.org/bitstream/handle/20.500.11822/25496/singleUsePlastic_sustainability.
pdf?sequence=1?isAllowed=y
（最後存取日：2019 年 5 月 4 日）

10. 聯合國公關中心「永續發展」
　　https://www.unic.or.jp/activities/economic_social_development/sustainable_development/
　　（最後存取日：2019 年 5 月 6 日）

11. 遠藤健太郎（2019）「以融合了 SDGs 經濟、環境、社會的方式活用在地方創生上」《SDGs 經營 Vol.1》

12. 蟹江憲史（2017）《何謂永續發展目標～邁向 2030 年的議程》minerva 書房

13. 高木超（2018）「SDGs 給地方自治團體帶來的機會」《國際發展期刊》2018 年 3 月號，pp.58-59

14. 根本 kaoru（2017）「SDGs 所期待的願景」《環境會議》2017 年秋號，pp.28-13

15. Stockholm Resilience Centre "How food connects all the SDGs"
　　https://www.stockholmresilience.org/research/research-news/2016-06-14-how-food-connects-all-the-SDGs.
　　html
　　（最後存取日：2020 年 1 月 31 日）

STEP 1

透過體驗遊戲
認識 SDGs

不是學習而是用身體去感受

■ 戴上 SDGs 眼鏡吧！

本書會以讓各位讀者「戴上 SDGs 眼鏡」為其中一個目標。當然，絕不是希望各位戴上用 17 種顏色設計的彩色眼鏡，而是希望能從 SDGs 角度重新觀察日常的景色或事物。

譬如說，排列出「すずきたろうさんじゅうきゅうさい（SU ZU KI TA RO U SAN JYU U KYU U SA I）」平假名，有些人覺得是「鈴木太郎 39 歲」，但也會有人認為是「鈴木太郎さん 19 歲」。完全相同的文章，卻因為不同閱讀者而有不同的解讀。同樣地，我們眼睛所見，耳朵所聽，用手觸碰等等，都以五感感受到的，因此常會無意識地用自己的價值觀去「解釋」。

すずきたろうさんじゅうきゅうさい
（SU ZU KI TA RO U SAN JYU U KYU U SA I）

鈴木太郎 39 歲　　　鈴木太郎先生 19 歲

哪一個答案是正確的？

圖表 1　對事物的解釋會因接收者的價值觀也會有所差異

戴上 SDGs 眼鏡

圖表 2 STEP1 的目標

　　正因為如此，希望各位讀者能透過本書去活用 SDGs 的 17 項核心目標（SDGs Goals）來切入主題，然後從日常生活開始，再慢慢地去認識、理解地方自治團體的政策及措施。但如果因為邀請了對 SDGs 十分了解的講師，舉辦演講形態的員工研習就覺得滿足的話，那反而沒有意義。要是無法讓參加研習的員工，用某種方法親身體驗 SDGs，那麼想增加戴上「SDGs 眼鏡」的員工人數，應該會很困難吧。本章會介紹使用遊戲卡導入的案例。

■ 用遊戲卡體驗 SDGs 的世界觀

　　某天早上，課長把你叫過去，下了「幾年前聯合國採用的 SDGs，好像會在本市進行。可以想看看我們部門能做些什麼嗎」的指示。你會如何執行這項任務呢？

　　首先，應該會在網路搜尋相關資料吧！搜尋的結果，大概會出現外務省和聯合國的網站。然後應該也可以整理出「SDGs 是指在 2030 年以前，世界必須達成的 17 個「核心目標」，而在國內也有 60 個城市被選為 SDGs 未來城市」等資訊吧！

　　但這就只能提出「因為是聯合國訂定的目標，所以我們似乎也必須

開始進行。而且有些鄰近城市也開始規劃了」這種內容的報告，該如何讓同事產生「要是我們城市不開始朝著 SDGs 目標來進行，將來可是會很危險的」的危機感，以及肯定它的必要性。然後就算現在還模糊不清，但最終必然要弄清楚，自己的部門與 SDGs 實際上會有哪些關聯。

對地方自治團體的員工來說，SDGs 這種有點奇怪的文字組合，就只是個會擠壓到其他業務，增加工作量的「從天而降的額外工作」。但如果有機會去理解必須努力達成 SDGs 的背後意義，就不要再拒絕了，相信比起用授課方式去解釋，親身體驗會比較容易當成是自己的事。

本章會介紹「2030 SDGs」以及「SDGs de 地方創生」兩款遊戲。自 SDGs 採用後，經過了 4 年，單就筆者知道的，也有其他各種不同的遊戲。包括國外在內，也有像玩雙陸棋的下棋遊戲，但日本主要還是以卡片遊戲居多。應該是因為它的方便性，以及能多人進行的關係，所以才會受到歡迎吧！

想幫習慣授課方式的行政組織，進行看起來像在玩卡片遊戲的工作坊可能難度較高，也可能會煩惱該如何跟人事部門說明，但只要善加利用本書，跟他們解釋「這本書寫說，要是不親身體驗 SDGs 就無法理解」應該就沒問題的。

以「2030 SDGs」掌握世界規模的狀況

　　首先要介紹的是「2030 SDGs」卡片遊戲。這個遊戲 2016 年首次公開於研討會上，之後便快速地在日本各地流行起來。最近就連紐約的聯合國總部也在研討會上使用這款卡片遊戲，並在國際之間引起關注。

　　據這款遊戲的設計者，在 imacocollabo 社團法人的網站表示，這款遊戲「不是讓我們學習每一項 SDGs 的核心目標，而是讓我們透過親身體驗，去了解為何 SDGs 對這個世界是必要的，而且它會讓我們產生什麼樣的變化，帶來怎樣的可能性？」所以，讓完全不懂 SDGs 的人也能輕鬆參與，就是這款遊戲最大的魅力！接下來，就來說明此遊戲的玩法。

圖表 3　2030 SDGs （出自：PROJECTDESIGN 股份有限公司網站）

- 玩家共同擁有「經濟（藍）、環境（綠）、社會（黃）」三種狀況的測量表，可以看到城市的現況（圖表 4）。

圖表 4　以磁鐵數量就能呈現出經濟、環境、社會三層面狀況的「世界狀態」，讓參與者能以此共同基礎資訊來進行討論。

- 各參加者以「在遊戲結束時，還能保有 1200G 以上的財富」為個人目標（圖表 5）。

圖表 5　設定目標條件的專案卡（出自：IMACOCOLLABO 社團法人網站）

- 分成「卡片遊戲（約 1.5 小時）」及「回顧卡片遊戲（約 1 小時）」兩個部分，也可能會請主持人就商界案例來進行授課（約 1 小時）。

- 研習會的人數，最少 5 人，最多 50 人左右。

- 主持人如使用數套卡片來進行，參與人數就可增加至 100 人以上。

卡片種類

Ⓖ 金錢卡

執行計畫時所需,單位是「G」。

⏱ 時間卡

執行計劃時所需。

Ｐ 專案卡

　標示出計畫內容,執行所需的金錢以及時間等。譬如「交通基礎設施」的卡片(圖表6),使用500G的錢及3張時間卡就能執行計畫。但是在「世界所需的狀態量表」標示3個以上的藍色記號。因此狀態量表上的「經濟」項目,要是沒有3個以上就無法進行。執行這個專案會讓人有「可以獲得報酬」的成就感,能得到金錢1000G,時間卡1張,藍色專案卡以及藍色原則卡。而執行專案的結果,藍色(經濟)的記號會增加1個,而綠色(環境)的記號會減少1個。

圖表6　專案卡「交通基礎設施的維護」

(出自:IMACOCOLLABO社團法人網站)

遊戲玩法

1. 透過消費手上的「金錢」和「時間」卡片來進行活動，達成「過著悠閒自在的生活」以及「富裕生活」的個人目標。

2. 執行計畫時，參加者自己拿著「金錢」、「時間」和「原則（成就感指數）」卡，到稱為辦公處的桌子，交換金錢和獲得新的專案。

3. 執行專案時，能夠增加或減少狀態標記的數量是有限制的（玩家在執行專案前並不知道狀態標記可以增減的幅度）。

4. 像這樣，在變動的「世界狀態」中，每個人都要完成各自的目標。

圖表 7　以地方自治團體員工為對象，舉辦卡片遊戲的情形。

■ 透過與周遭的溝通來加深了解

筆者在 2018 年 5 月，曾經邀請此遊戲的推動者①，黑井理惠小姐（株式會社 DKdo 董事）到神奈川縣自治政策經營研究會（通稱：K33 網絡）的定期學習會進行演講，同時也介紹了卡片遊戲「2030 SDGs」（圖表 7）。

那個時候，收到參加者對此遊戲的正向回饋，像是「聽到 SDGs 以為只是在談環境問題，但現在了解，其中也包括了經濟和社會層面，必須要多面向去思考」、「覺得需要從自己能做到的開始做起」、「可以到我服務的地方自治團體單位介紹嗎」。覺得 SDGs 的重要性是需要透過實際交流才能傳遞出去的，說不定這與「自己負責的業務需要跟 SDGs 連結才能有所改善」的想法有關。

這種參與型態的工作坊，比起授課型態的參加門檻較低，容易將 SDGs 的特徵，也就是包容性體現出來。在必須去思考應採取什麼行動的 SDGs 脈絡中，從不同主體之間的對話，以及互相合作找出課題，討論解決方案才是整個過程中最為重要的。

在 SDGs 的導入階段，比起發講義給員工，舉辦演講會，讓他們能夠理解「為什麼我們的世界需要 SDGs 呢」這個最根本的部分才更為重要。另外，也應該提供給每一位員工理解其必要性的機會。

透過「SDGs de 地方創生」遊戲，
思考與切身相關的課題

　　接下來要介紹「SDGs de 地方創生」這個遊戲，由參加者擔任創造
各種不同城鎮的玩家，是一個能夠體驗「在 SDGs 達成期限的 2030 年，
會成為什麼樣城市」的模擬型卡片遊戲。比起將焦點放在世界狀態的
「2030 SDGs」卡片遊戲，把對象限縮於地區，能夠透過個別且具體
的案例去了解 SDGs 的運用方式。大概說明一下這個遊戲的玩法。

圖表 8　　SDGs de 地方創生標誌　（出自：PROJECTDESIGN 股份有限公司 網站）

- 玩家的角色分成「行政」與「市民」。而「行政」又再區分成：解決人口減少問題，以及負責經濟、環境、生活等四個部門。「市民」則是有「商店主」及「第一級產業從事者」兩種角色。

- 「人口、經濟、環境、生活」四種的指標狀態是由玩家共同擁有的，可從量表了解城市的狀況。

- 每一位參加者按照其角色，設定像是「遊戲結束時，需獲得 8 個以上的經濟狀態指標」的個人目標。

- 由「卡片遊戲（約 1.5 小時）」和「回顧卡片遊戲及授課（約 1.5 小時）」兩個部分所構成，研習大約需要 3 個小時。

- 研習會的人數，最少 6 個人，最多 48 個人。

- 遊戲主持人可使用多套卡片，這樣參加者可達到 100 人以上。

圖表 9 SDGs de 地方創生卡片　（提供：PROJECTDESIGN 股份有限公司）

卡片種類

金錢卡

進行計畫時所需，單位是「GS」。

人力資源卡

像是「創造者（Creator）」及「地方議會（議員）」這些，實際執行計畫時需要的人力資源。

P 專案卡

寫有專案內容、所需資源以及金錢等（圖表 10）。譬如在「營養豐富的速食」卡片上，寫了 4000 萬 GS 的金額，以及需要跟創造者的這項人力資源做交換，這樣專案才可以執行。或者是「駕照歸還及公共交通免費」的卡片中間，「必要狀態指標」是標記在黃色房子上，用白色字體寫了 9 的數字。這表示狀態指標的「生活」項目，必須要 9 以上才能夠執行。

其他也有「行政限定專案」的設定。

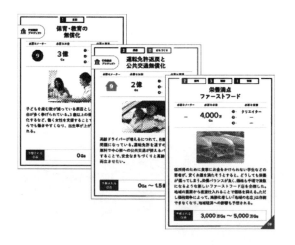

圖表 10 專案卡 （出自：「SDGs de 地方創生卡」運營事務局網站）

1. 使用人力資源和金錢，執行寫於計劃卡上的任務。

2. 執行計劃時，參加者拿著「人力資源卡」和「金錢」到稱為辦公處的司儀那裡去交換金錢和人力資源。

3. 執行專案時，可增減狀態指標的數量是有限制的（玩家在執行專案前並不知道狀態指標可以增減的幅度）。

4. 在變化快速的「城市狀況」中，每個人都要完成自己的目標。

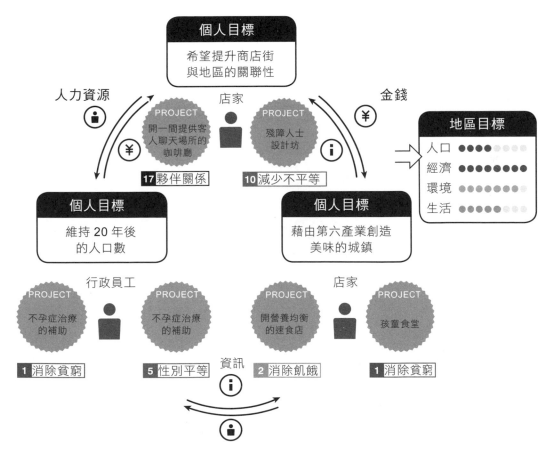

圖表 11　「SDGs de 地方創生」卡片遊戲的玩法

■ 親身體會多數利益相關者參與的重要性

　　以上就是「SDGs de 地方創生」卡片遊戲的進行方法。這是一套會成為能提供豐裕生活的城市呢？還是很可能會消失的城市呢？完全取決於每一位參與者的行動，而產生變化的遊戲設計。

　　設計這款卡片遊戲主持人的竹田法信先生（PROJECTDESIGN 股份有限公司）表示，「透過卡片遊戲讓原本覺得 SDGs 有點陌生的人，也能與切身的課題產生更多的聯想」。竹田先生在 2018 年以前，擔任富山市環境政策課的員工，具備在地方自治團體實際推動 SDGs 的經驗。

　　竹田先生清楚表示，「『SDGs de 地方創生』卡片遊戲期待可以帶來的，並不是讓多數不特定參加者可以體驗遊戲，而是希望讓地區利益相關者聚集在一起，然後透過卡片遊戲去改變現實世界。這個卡片遊戲只是一種工具而已。」實際上，在以富山市 40 位員工為對象進行的工作坊中，覺得「每一個員工能夠做的事情是有限的」的員工，透過遊戲活動瞭解到必須「改變行政、居民以及自身的想法，大家集思廣益，採取行動」，如此一來，就不是由行政單獨去面對課題，而是由複數的利益相關者一起採取行動，共同解決課題。

　　就如遊戲開發者將此遊戲命名為「SDGs de 地方創生」，希望地方自治團體能活用此卡片遊戲，讓 SDGs 成為致力於實踐永續發展社會的一個契機。

兩種卡片遊戲之比較與意義

這兩款卡片遊戲都是由 PROJECTDESIGN 股份有限公司開發的，兩者的共同點及相異點是什麼呢？

首先，兩款遊戲的共同點是，想了解 SDGs，就必須透過遊戲去體會達成「經濟、社會、環境」三層面重要性這一點。從白板上的磁鐵數量讓參加遊戲者在可以看到三個層面現有狀況下進行遊戲，在遊戲過程中可以親自體會到，如果只專心投入在經濟、社會或環境相關的某一項政策時，那麼在現實世界中，可能就無法提高其可持續性了。譬如，硬要把「環境保護 vs. 經濟成長」這兩個對立項目擺在一起，不要說提高可持續性了，說不定還可能會延誤課題解決的時間。

要想達成 SDGs 的話，就要記住這三個層面，必須要相互協調才能辦到，不但要聽取各方的主張，也需要思考各個參與活動者能夠做到的事情有哪些，然後相互合作。

	2030 SDGs	SDGs de 地方創生
遊戲主軸	理解 SDGs 的必要性，SDGs 與現實世界的關係	地方自治團體政策及地區活動等與 SDGs 的關聯
建議使用對象	初次接觸 SDGs 的市民（包含地方自治團體員工）	希望能靈活運用 SDGs 的城市創造相關者
進行遊戲後，可期待之後續發展	找出現實世界與 SDGs 的接觸點，探求自己能做的事	使用 SDGs 去討論出實際地區課題的解決之策

圖表 12 「2030 SDGs」與「SDGs de 地方創生」的比較

（出自：筆者參考「SDGs de 地方創生卡」運營事務局網站所作成）

另外，關於是否能讓人民願意採取行動這一點，我們不應該從這樣做「是否正確」，而是要從這樣做「是否有趣」這個角度來看，這應該也是各位讀者所認同的吧？不是採取單向的授課方式，而是能藉著遊戲讓參與者自然地去感受。這對希望人民把 SDGs 當作是自己的事情應該是非常重要的。

接著，筆者將兩款遊戲的相異之處做了整理，請各位讀者參考（圖表 12）。

遊戲主軸

「2030 SDGs」能讓我們實際感受，經濟、社會、環境三個層面相互協調維持永續性的必要性，並且去體會世界狀況與自我行動的關聯，讓它成為重新審視自己的行動及想法的一個契機。這樣，就能夠理解 SDGs 這個全球性的活動了。

而「SDGs de 地方創生」則是以國內必須進行地方創生的地區為對象，正因為目的相當明確，所以使用「保育、教育免費」或「駕照歸還及公共交通機構的免費」等實際的行動作為卡片遊戲的選項，內容是相當具體的。適合用來思考社區再造及地方自治團體的政策、地區活動及 SDGs 的關聯性。

筆者推薦的參加族群

即使完全沒有 SDGs 的相關知識，也能透過「2030 SDGs」卡片遊戲的方式與主持人的說明，了解 SDGs 背景及必要性，是重新審視自我行動的契機。

而「SDGs de 地方創生」則以社區再造的具體課題為對象，所以像是由商會員工及地方自治團體員工、地方自治會等實際參與社區再造

的話，那麼比起沒有參與經驗的人來說，曾參加過遊戲的人應該更容易進入狀況。

話雖如此，我們可以預測到將來可能會有學生因參加過遊戲而對社區再造產生興趣，所以可先思考希望透過遊戲提供給遊戲參加者怎樣的契機，然後再設定主題，讓遊戲盡可能發揮最大的功用。

進行遊戲後，可預期之後續發展

「2030 SDGs」是一個即使完全不知道 SDGs 的人，也能在遊戲當中了解維持「經濟、社會、環境」三個層面均衡的重要性，就算對於個別目標的理解還不充分，也能降低進入 SDGs 的門檻，帶給參加者自我思考 SDGs 的契機。

「SDGs de 地方創生」則是希望在以 SDGs 去解決真實發生的地區課題的對策時，能夠派上用場。譬如，將真實存在的地方自治團體或地區設定成遊戲的對象，人口數及人口減少的速度也按照該地方自治團體的狀況來調整，應該會提高其真實性。另外，實際的利益相關者也可因為承擔起某些工作，而讓模擬變得更為真實。像這樣，應該就能以自己的社區為範圍，以 SDGs 的觀點檢討社區再造的進行。

■ 假想空間的試行錯誤

兩款遊戲各有不同特色，只要從希望帶給什麼樣的參加者，怎樣的感覺的角度來選擇，應該就能讓參加者享受遊戲的樂趣，進一步的去活用 SDGs，並且開始採取行動！

前面提到的竹田法信先生曾說，「想加深對 SDGs 的理解，那麼能從卡片遊戲產生狂熱是最重要的。」這些遊戲之所以有效的理由，就是在卡片遊戲這個假想空間裡，能夠透過 SDGs 的觀點去體驗成功的感覺，以及從失敗當中學習。

現實世界中，能夠「允許失敗的環境」幾乎是不存在的，而這對以國民稅金來支付薪水的公務員來說，就更是如此了。專案在經過多次的試行錯誤之後，能夠得到改善的機會其實並不多。而在這些極少的機會當中，要是能親身體會 SDGs 的必要性，以及發現實際執行的必須性的話，那麼即使沒有在工作或日常生活冠上 SDGs 之名，應該也能自然而然地採取與 SDGs 有關的行動。

　　除此之外，竹田先生說「各個不同的利益相關者，願意設法超越相互之間的課題意識差距也是非常重要的。」譬如，居民希望能解決待機兒童（指無法接受幼年教育的兒童）的問題，但如果公家單位不認為待機兒童是應解決的課題，那麼居民與公家機關就無法共同想出解決方案，立即採取應對措施。卡片遊戲讓我們注意到，課題意識必須各利益相關者共感。

　　另一方面，地方自治團體也需要按照地區課題的優先順序來應對。在理解每一個利益相關者的立場，俯瞰整個事情的狀況，對於應解決的課題可以從各種不同的價值觀去思考，這些都很重要，但能否從卡片遊戲確實體會呢？

　　最後想要說的，就是這些遊戲提供學習與發揮提醒功能的可能性，如果「不親身體驗就無法實際感受到」。本書的說明頂多就是在推廣遊戲時，為了得到主管的准許而使用的，總之還是希望從體驗開始。

　　在下一章會使用「系統思考」這個關鍵字，說明自己工作的地方自治團體的業務，究竟屬於哪一個地區課題，與 SDGs 又有何關聯。

/ **SDGs 與地方創生**

　　所謂地方創生，就是改變日本發展主要都聚集在東京的狀況，減緩地方人口減少的速度，以提升全日本活力為目的而施行的政策。展現依據日本人口的現狀及對將來的預測，由政府依今後所期待的方向提出「城鎮、人、工作及創生的長期藍圖」，為達到此遠景，2014 年在內閣會議中，提出今後 5 年的目標及施行政策，基本方向等，並且制定了「城鎮、人、工作創生綜合戰略」。

　　當然，讓正面臨少子化、高齡化，以及人口減少的國內地區邁向永續發展的這個概念，也包含在 SDGs 期待的世界目標中。因此，內閣府在組織內設置了「地方創生推動事務局」，透過 SDGs 未來都市以及地方自治團體 SDGs 模範事業等政策的實施，促進 SDGs 的普及。2016 年，日本政府制定的「SDGs 實施方針」也提到，對於地方自治團體的各種計劃及策略，方針的制定及修改等，獎勵將其 SDGs 的要素盡可能地反映出來。

　　而在 2018 年底，政府（SDGs 推動總部）所發表的「SDGs 活動計畫 2019」中也明確點出「以 SDGs 作為原動力的地方創生」，格外強調其重要性。

　　接著在 2019 年 12 月，第 2 期「城鎮、人、工作創生綜合戰略」整理出，「以 SDGs 作為原動力的地方創生」就是明確訂出的施行政策之方向。2024 年度，將「為了達到 SDGs 目標而正在努力的都道府縣以及市區町村的比例」設定為 60%（2019 年為 13%），可見今後 SDGs 與地方創生同樣也是密不可分的。

註

1. 在進行「2030 SDGs」卡片遊戲時，由營運組織的一般社團法人 IMACOCOLLABO 主辦促進者養成研習會，這是成為正式促進者所必需的。詳情請參考同一法人的網站。
https://imacocollabo.or.jp/games/faciritator/

參考文獻

1. 「有關以地方創生為目的推動 SDGs」內閣府地方創生推進事務局資料
https://www.kantei.go.jp/jp/singi/tiiki/kankyo/pdf/SDGs_suishin.pdf
（最後存取日：2019 年 10 月 5 日）

2. 一般社團法人 IMACOCOLLABO 網站
https://imacocollabo.or.jp/
（最後存取日：2019 年 9 月 1 日）

3. 「SDGs 地方創生」運營事務局網站
https://SDGslocal.jp/
（最後存取日：2019 年 8 月 31 日）

4. 內閣府「第 2 期『城鎮、人、工作創生綜合戰略』」
https://www.kantei.go.jp/jp/singi/sousei/info/pdf/f1-12-20-senryaku.pdf
（最後存取日：2020 年 2 月 2 日）

STEP 2

SCENE 1

以系統思考的方式，將地區課題的關聯性可視化

俯瞰地方自治團體所背負的課題構造吧！

■ 瞎子摸象

不知道各位是否聽過，用來譬喻對事物只是一知半解，無法對全體做出判斷的這個諺語「瞎子摸象」。

這是一個，眼睛看不到的 6 名瞎子，出生以來第一次遇到大象。每一個人分別觸摸了大象的一部分，然後摸到大象鼻子的人說「大象就像是一條水管」，而摸到大象尾巴的人則說「大象是一種像繩索的生物」，然後摸到大象腳的人則說「大象是一種像樹桿的生物」，摸到象牙的人說「大象是像長矛的生物」的故事。

這是一個讓我們了解到，對事情的判斷不宜太過主觀、自以為是的寓言，同時也是用具邏輯性的系統思考寫出的故事。這對地方自治團體的業務來說也是相同的，如果只是理解部分，卻誤以為了解全部的話，就無法真正解決課題了。

■ 欠缺環視整體的政策所萌生的「偏差」

過去處理地方自治團體的業務時，是否發生過預期結果與實際結果產生差異的經驗呢？

譬如，如果希望寫出「透過發給市內的市民活動團體補助金，進而整頓市民活動團體，而且 3 年後讓接受補助金的團體完全獨立」的故事。再加上，設計了只要通過每一年度的審查，那麼同一個團體最長可接受 3 年補助金的發給之「市民活動推進補助金制度」。

此時，如以圖表 1 來看的話，Ⓐ（問題）有「因為市民活動團體的財政基盤過於脆弱，所以團體無法針對適合的焦點課題去解決」的問

題。原本只要實施適合解決的 Ⓑ（對策），就能以解決了Ⓐ（問題）的關係完結。按照內心所想的來進行，在發給延長上限的 3 年之後，市民活動團體就可獨立，努力去加強與增進市民福祉之間的關係，那麼團體應該會有所提升吧！

　　但實際上，市民活動團體必須先從市領到補助金，然後才能繼續經營事業，不要說市民活動團體獨立了，要是沒有補助金連活動都無法舉辦了（Ⓒ不期待的結果）。最後如果是這令人無法期待的結果，那麼期待的「結果」與為達成此結果所採取的政策、措施（Ⓑ 對策），這兩者之間究竟會產生多少偏差呢？

　　在此案例中，因「偏差」所產生的事實，其中一個我們經常可見，那就是對市民活動團體來說，目的會迅速的更換掉。本來的目的是希望「整頓市民活動團體，讓它能獨立」，但如果 3 年的事業經費都倚賴補助金的話，那麼總有一天，會迅速變成「每年度都可獲得市民活動推動補助金」。

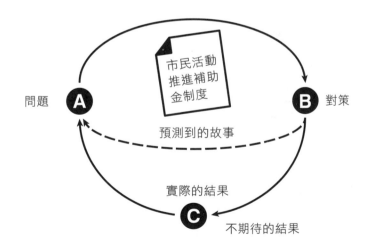

圖表 1　「解決阻礙之策」構造　（出自：參考 Peter M. Senge（2011）著作）

因為發給補助金就必須要準備事業的實施計畫及財務報告書，而這些不習慣做的業務讓人忙得不可開交，最後陷入關鍵的事業無法順利進行的困境，這類例子也不少見。

　　行政員工雖然執行「出於好心」的措施，但發給補助金後對發給團體產生的負擔，本應該也包含在執行的措施當中，應該要檢討的範圍（系統），但事實上卻大部分都沒有進行檢討。換言之，接受補助金的團體，在運用補助金後的結果出來之前，並無法俯瞰掌握全體的狀況。而且，行政員工拚命執行的這一點，讓情況更為棘手。

■ 敷衍的解決對策，導致問題不斷產生變化

　　那麼在陷入此狀況時，地方自治團體應該採取什麼樣的改善策略呢？如果是前面的案例，發給團體無法獨立的原因是「我們太隨便擬定每年度的補助金報告了」，再加上往往會希望團體能提交詳細的報

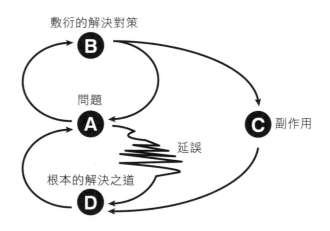

圖表 2　快速更換問題的構造 （出自：參考 Peter M. Senge（2011）著作）

告。從圖表 2 來看，馬上就會想到先 **Ⓑ**（敷衍的解決對策）的「強化管理」。結果，就無法處理 **Ⓓ**（根本的解決之道）的「發放團體員工的能力強化」這個項目，然後產生 **Ⓒ**（副作用），讓 **Ⓐ**（問題）變得更為複雜了。

本來在實行根本解決之道的 **Ⓓ** 之前，就需要耗費很長的時間（圖表 2 的波線部分「延誤」）。但也不能因此，就被容易開始著手進行的敷衍的解決對策 **Ⓑ** 牽著鼻子走。

寫出《學習組織》的有名作家 Peter M. Senge，稱此構造為「快速更換問題的構造」。在先採取症狀療法的同時，基礎的問題卻變嚴重，致使執行根本的解決策略時，變得更加的困難。最後，將人們對症狀療法式解決對策的依賴程度增加的這個問題，讓它「快速更換」。大部分的症狀療法的應對策略，在短時間都能得到不錯的成果，因為會讓人產生，應對策略看起來好像很有效果的錯覺，所以 Senge 說「行動是要在開始變糟糕之前就要讓它變好」。要是不讓政策的構造更加明確，而是將發生的問題歸咎於個人的話，就不可能解決根本的課題了。

■ 能俯瞰事物構造的系統思考有效性

如上所述，為了要解開，用直線且簡單的方法無法解決的複雜課題，就必須要使用能俯瞰事物、掌握數個事物的關聯性、有系統地去領會整個狀況的方法，這個方法稱為「系統思考」。這對在思考像是層層疊的母子盒，擁有 17 項包含各領域目標的 SDGs 時，是一種非常有效的思考模式。

不只是 SDGs，想要根本的解決複雜問題時，就要像「看到樹木也會看到森林」一樣的思考模式，不要只是看一小部分的事情表象，而是要俯瞰並掌握環繞在事物周遭要素的相互關係，最後再去思考最適

合整體的解決方式。事實上，近江商人「賣家也開心、買家也開心、社會也能夠受惠」的「三贏局面」想法，就是系統思考的例子。這是日本自古以來就存在的，掌握事物的方法。

　　地方自治團體處理的地區課題，通常是比「A 這個課題的原因就是B」的這種直線思考模式，關係到更廣泛的利益相關者，或者是在錯綜複雜狀況下所產生的課題。但行政組織，仍然以環境部門、經濟部門、都市設備部門等分門別類的方式，來縱向分配負責部門，因為是在各自掌管事務範圍內採取應對措施。因此，如果要處理 SDGs 的橫向課題，那麼最起碼部門間應該要做調整。為此，首先要先俯瞰課題整體，從掌握構造開始。

　　在稍微了解系統思考後，接下來要介紹，為了讓地方自治團體員工從 SDGs 的觀點，整理地區課題，筆者實際在研習時使用的研討會形式技巧。為了讓工作坊順利進行，可先將序章介紹過的 SDGs 基礎知識以及地方自治團體的實例等，事先與參加者分享，在認知程度差不多的狀況下進行會比較好。

掌握課題之間的關係

目　　的：理解背景中的問題及課題的關聯性

關　鍵　字：系統思考、相互聯繫

預估時間：80 分鐘（包含共同發表的 15 分鐘）

■ 座位安排

- 準備能將模造紙完全攤開的桌子（兩張長桌並排，尺寸剛剛好）。

- 每張桌子安排 5 個左右的位子。為了讓參加者有充分發言的機會，一張桌子不要坐超過 6 個人。

- 每一張桌子的成員最好是來自各不同的部門。

- 說明請做成投影片，透過投影機投射在螢幕上，加深大家的理解。

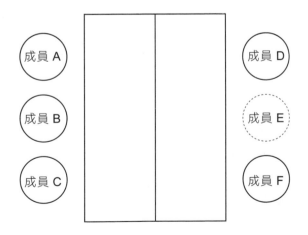

圖表 3　座位安排

■ 準備物品

- 全開模造紙（788×1091mm）

- 水性筆（不會滲透紙張的）

- 便利貼（7.6cm×7.6cm 以上）2 種顏色

- SDGs 標誌（聯合國新聞中心網站①下載印刷）

- 剪刀（每張桌子 1 把以上）

- 透明膠帶（每張桌子 1 卷以上）

圖表 4 各種準備的物品

■ 1. 自我介紹（大概 10 分鐘）

首先，從「簡單自我介紹一下」的破冰題開始。雖然大家都在同一機關工作，但不是所有人都認識。而且周遭的員工或許知道課長級以上的員工，但課長級以上的員工要連其他部門的新人員工都記得，應該很難。當然，就算是舊識，如果能從中找到新鮮的一面，之後還是會有內容可以討論的。

在這裡介紹幾個筆者在工作坊使用的自我介紹例子，給各位參考。

這個手法，一個人大概設定 30 秒的介紹時間比較好。時間測量的方法，看是由工作坊的主持人來負責管理也可以，或是同一桌的某個人負責，譬如下一個發表者負責計時的話，整個流程也會比較流暢且有效率。

每個人發一張 A4 的紙，分成三等份後，讓參加者在 3 分鐘內，由上而下依序寫出「綽號」、「想搭時光機器去哪一個時代及地方」、「感到興趣的 SDGs 核心目標」。之後，每個人用 1 分鐘做自我介紹。然後花 2 分鐘找出夥伴的共同點，或是一起想「團隊名稱」也可以。在一定範圍內，能夠無意識地去「尋找共同點」，非常推薦這個方法。

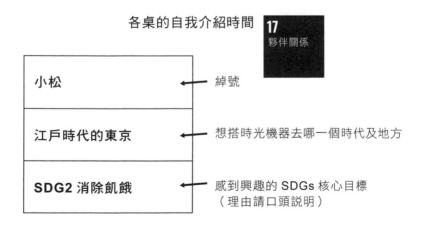

圖表 5　自我介紹的幻燈片例

■ 2. 將研習活動的前提條件列出

這裡以 SDG11 永續城市與社區為例子來說明。

首先，如圖表 6，SDG11「促使城市與人類居住具包容、安全、韌性及永續性」是所有參加者一起共有。進一步的，針對「世界中，從農村移居至城市的人口增加，都市化正急遽進行中。但在都市找不到就業機會的人們，不得不在貧民窟生活，因此必須要做出，確保他們擁有安全且合理價格的住宅使用權等的改善措施」等世界狀況及課題，要是能提供相關資訊也非常好。

接下來，由參加者確認此核心目標的「細項目標」（SDGs Target），斟酌所屬地方自治團體的優先政策目標，將應達成的內容摘要出來（圖表 6 中上）。此次嘗試著眼於「大幅減少因水有關的災害所造成的死亡數及受災人數」這個部分，我們可以發現，像是豪雨所造成的水災對策等，這些都與最近優先順序較高的課題有關。如果從此觀點著手進行，就能拉近 SDGs 與自己所屬地方自治團體的距離，並且去理解它。

另外，希望也能參考一下「指標」（SDGs Indicator）。譬如，細項目標 11.5 的測量指標（11.5.1）設定為「每 10 萬人因重大災害死亡、失蹤及受傷的人數。」總務省在與「SDGs 全球指標（SDGs Indicators）」有關的網站，將數據公開，所以在確認該數據是否可能測量時非常方便。

然後，這次是以當地地區來看，SDGs 的細項目標 11.5 摘要出災害的死傷者人數。將對象範圍限定在「市內」，找出能達成目標的方式（圖表 6 中下）。然後再將問題換成「市內的受災死亡、失蹤、受傷人數的發生原因為何」（圖表 6 下）。這個問題是為了瞭解市內死傷者的發生原因所發展出的問題。

準備進行到這裡，將「問題」印出來貼在模造紙的中間。事前準備就全部完成了。

看 SDGs 的核心目標	**11** 永續城市與社區	促使城市與人類居住具包容、安全、韌性及永續性
確認 SDGs 的細項目標	**11** 永續城市與社區	11.5 在 2030 年以前,將焦點放在保護弱勢族群與貧窮者,大幅減少災害的死亡數以及受影響的人數,並將災害所造成的 GDP 經濟損失減少。
解讀在地背景	**11** 永續城市與社區	市內要如何減少因災害所造成的死亡、失蹤及受傷人數。
為分析出原因而提出問題	**11** 永續城市與社區	市內因災害所造成的死亡、失蹤及受傷人數的發生原因為何?

圖表 6 以在地的背景解讀全球目標

■ 3. 研習活動進行的規則

　　接著讓參加者思考，課題發生的背景究竟有何問題，寫在便利貼上交出。此時，筆者向參加者說明 4 項規則，要求參加者嚴格遵守。這是參考美國的 A. 奧斯本倡導的腦力激盪法的規則。

①用一句話將意見寫在便利貼，一張一句

　　第 1 項規則就是，不要寫太多資訊在便利貼上。像是「基礎設施維護不夠充分」或「缺乏防災知識」，將重點以一句話寫出，如此在整理工作坊成果時才會比較容易。

②接受他人的意見

　　第 2 項規則是接受他人的意見。盡量避免說出「那個意見不對」或「我不那麼認為」等否定的話。這樣會限制其他參加者的自由想像，而發言也會被受限於固定框架中。因此就算有「我認為那個人的意見是不對」的想法，也要抱著「原來也有那樣的意見及觀點」的胸懷，接受有別於自己價值觀，這是非常重要的。從 SDGs 重視多樣性這點來看，接受他人的想法，就是第一步！

③比起質更重視量，歡迎自由的想像

　　第 3 項規則是，對自己的意見要有自信。要把意見寫在便利貼上時，如果有「這個意見正確嗎」或「寫這種老調重彈的意見要是被笑怎麼辦」等覺得「羞恥」的想法時，那麼好不容易有的靈感就會消失。像是公務員的「不能失敗」和「必須要完美，才能用到社會上」的意識非常強烈，這點要特別留意。在工作坊中，自由提出超出常理的想法也完全沒有關係。希望各位可以明白，比起社會上的「好」意見，能夠提出「許多」不同意見，才會對創意發想有幫助。

④歡迎共乘，在別人的意見加上自己的點子

　　最後第 4 項規則是，把自己的想法加在別人的意見，不用客氣。分享其他參加者提出的意見，然後加上新的點子。

請想像在課題背後的原因是什麼？

　　請看一下圖表 7。在模造紙的中間，貼了剛剛「因災害所造成的死亡、失蹤及受傷的發生原因為何」的問題。首先，參加者先自行思考這個問題，再用一句話，把答案寫在便利貼上面。準備時間約 5 分鐘。接著將便利貼的內容，每個人輪流讀出來，並貼在模造紙上。不夠寫在便利貼上的內容，可在貼便利貼時簡單的補充說明。

　　圖表 7 中，寫了「比起對日本人來說，對使用外國語言的人的防災對策不夠充分」的意見，以及「自治會的參加率下降，代表與地區的聯繫越來越薄弱」的意見。另外，「普遍欠缺防災知識」也是有被提出來的其中一個原因。

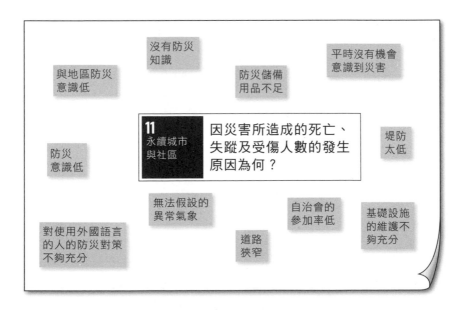

圖表 7　寫出課題背後的問題（原因）

> 把接近的意見彙整在一起，
> 然後統一加上標題。

　　接著，把貼在模造紙上的便利貼，意見相近的歸類在一起。然後，各相近意見組成用一句話來表現，並直接寫在模造紙上（圖表 8）。這個時候，不必勉強去做整理，特徵不吻合的意見就單獨標示，沒有關係的。這個步驟大概花 5 分鐘。

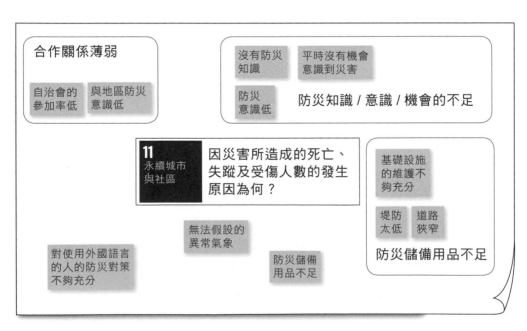

圖表 8　把相近的意見分組整理

<table>
<tr><td>步驟 3</td><td>從 SDGs 的視角思考發生的問題，
並發現其關聯性</td><td>約 10 分鐘</td></tr>
</table>

請找出與 SDGs 核心目標的關聯性

接著，與其他參加者一同討論，已被分組的意見與 SDGs 的哪一個核心目標有關連。這個時候，事先準備 SDGs 的細項目標和指標的相關資料，將有助於參考。

譬如，SDGs 的「指標」9.1.1 是「住在全季節都可利用的道路 2 公里範圍內的人的人口比例」。圖表 9 中所表示的，「道路狹窄」和「基礎設施的維護不夠充分」的意見，以「因為與 SDG9 所寫內容有關，所以貼上 SDG9」為根據而做出判斷。

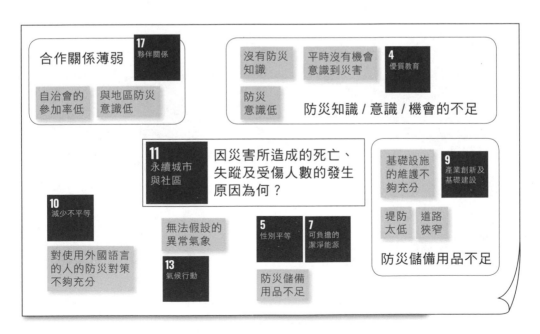

圖表 9　各意見與 SDGs 的核心目標的關聯性

甚至可以稍微擴大關聯性的想像，譬如，想想「防災儲備用品不足」會引起什麼樣的狀況？那麼，「災害時使用石化燃料的自家發電的電燈，因為沒有利用太陽能發電的習慣，無法提供充足的光亮，導致晚上街道發生犯罪」之類擴大想像的範圍也是可以接受的。在活動中，想像課題背後的問題是很重要的，同樣地，要找出其關聯性也需要柔軟的想像力。

　　在工作坊中，意識到課題與問題跟 SDGs 各核心目標的關聯性，就能製造出切身思考 SDGs 的契機，這只是其中的一個目的，所以不需太費力地思考關聯性也沒關係。

圖表 10　研討會的狀況

| 步驟 4 | 將一個課題背後的問題做彙整，思考相關性 | 約 5 分鐘 |

> 只要「增加」各主要原因，就能解決課題的畫實線，而「減少」就能解決課題的則畫虛線，試著把所有課題串聯起來。

接下來，討論模造紙中間的問題與分類的各個意見、相互關聯的程度為何。在工作坊中，將中間的問題與分組好的意見以線條連結。只要「增加」分組中的意見就能解決問題中的課題，請以實線標示；反之，「減少」就能解決問題中的課題，請再畫上虛線（圖表 11）。

譬如，「加強（增加）」合作關係與減少受災者有關，使用實線連結，而「異常氣象」如果「減少」就能減少受災者，所以使用虛線連結。此表現方式本身很簡單，能夠整理各意見與問題之間的關係，同時也能將複數現象的位置與可能產生的影響做一整理。

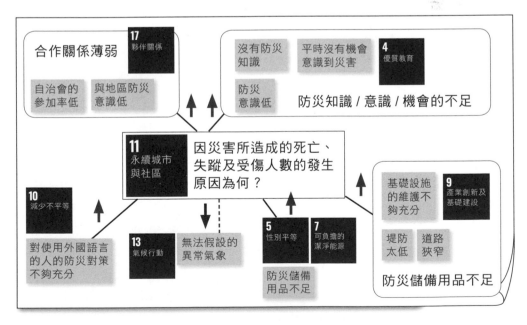

圖表 11　運用實線、虛線，讓最先的問題關聯性更為清楚

步驟5　找出槓桿點　　　　　　　　　　　　　　約5分鐘

討論解決哪一個問題，只需要最少的努力就能獲得持續且最大改善的效益，就在該問題貼上 ⬤ 貼紙。

在浮現出檯面的問題中，哪一個問題（槓桿點）只要解決了，位於中間的課題也能迎刃而解，請各組進行討論，等獲得全體組員的認同後，在該問題貼上「⬤（貼紙）」（圖表 12、13）。

所謂的槓桿點，就是用極小的力量，就能產生很大變化的「作用點」，試著從各個視角（譬如經濟或勞動力）來看，把它當作是作用點並且記下來，最後在分組發表時會派得上用場。

圖表 12　參加者針對互相的內容提出評論，加深理解。

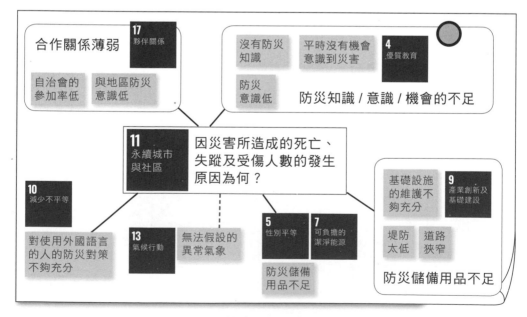

圖表 13　找出問題的槓桿點

行政機關中，將可能負責的部門名，使用不同顏色的便利貼補充上去。

接著，跟同組員討論一下，已經分組好的意見是由行政組織中的哪一個部門負責？或者各部門應該負責的問題是什麼？無法歸類在基礎地方自治團體的話，寫上廣大範圍地方自治團體的都道府縣及省廳的名稱也可以（圖表 14）。

實際進行這個工作坊讓我們知道，思考哪個問題該由哪個部門負責這一點，可作為消除縱割行政的準備。在 SDGs 時代，為了跨越無意識下寫出負責科室的框架，必須要做適當的檢討。

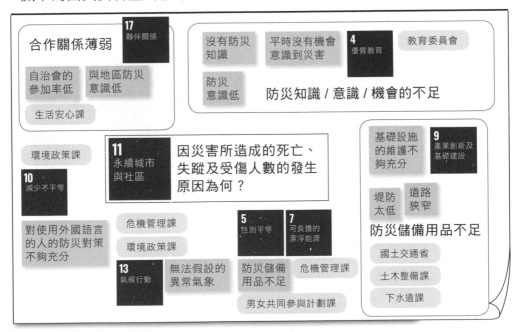

圖表 14　透過討論，決定負責的課題

■ 總結：關鍵就是系統思考

希望透過工作坊，傳遞「系統思考」這一種想法。一開始提出的問題，是進行「課題」分析的切入點。行政是在執行對策時，將解決課題當作主要目標，然後去完成工作。

但透過像這樣的工作坊，你會知道在課題背後，同時也會發生許多多樣的問題，而每一個問題之間的關係錯綜複雜，呈現出的問題，都可以獨立被當作是一項「課題」。

從 SDGs 的 17 項核心目標切入，可以幫助我們把可能造成「貧困」、「性別平等」或「氣候變遷」的問題找出來，同時可以成為促使「課題」更明確的工具。我們注意觀察那些常出現在課題背後的問題，要是沒有特別去確認有無「疏漏」就進行業務的話，有可能讓業務變得更有效率嗎？

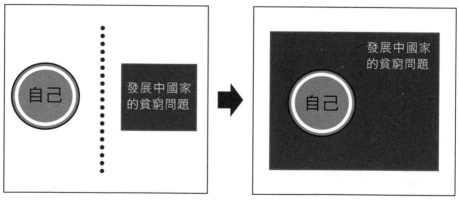

A. 把問題與自己區隔開

自己

發展中國家
的貧窮問題

B. 把自己當作是問題的一部分

發展中國家
的貧窮問題

自己

圖表 15　工作坊 ① 的目的 （以「SDGs de 地方創生」運營事務局資料為基本，筆者整理）

透過步驟 6，決定負責解決問題的課，可讓我們重新審視，行政部門在無意識中，決定哪一個工作是由哪一個行政人員負責的習慣，也讓我們有機會親身體會，實際解決問題時，需要由好幾個單位、門部通力合作才能完成。

　　這個時候，主持人要在活動的最後，向行政員工補充說明，「為了達成共同目標，必須跨越縱向的那一道牆、相互合作」，以加深參加活動的人的理解。

　　從工作坊①中得到的重要提示，就是參加者本人會產生「自己也是邁向 SDGs 的一部分」的自覺（圖表 15）。

　　就像苦於貧窮是「別人的問題」，容易讓我們會有 SDGs 與自身無關的想法。但唯有注意到「那些以為與自己無關的課題，或許就是自己所引起的」，才會有所改變。要是能有所發覺，相信對自身投入的解析度會更高。

即使想將 SDGs 的理念反映在地方自治團體的政策上，但突然要對所有政策、措施去執行，可能就不是一個太實際的選擇了。首先，將重點目標的課題找出來，就沒有太大問題！

像這樣，有關把焦點放在較為優先的課題上，然後開始推動 SDGs 的意義，大津市企劃協調課的中谷祐士先生表示，「關於綜合計劃的執行，雖然能將與 SDGs 的關聯性整理出來，但如果大津市能夠針對應全力投入的課題來設定重點事業的話，相信更能確保實際上的成效。另外，員工接觸 SDGs 之後的想法，也可以在機關內分享」。

大津市（滋賀縣）共挑選出「育兒共享經濟推動事業」和「LGBT 支援專案」等 10 項重點事業，善加運用 SDGs 的觀點來進行。像這樣，檢討 SDGs 可以使用在哪項政策、對策、事業的過程也是必須的。

圖表 16　在廳內外致力於推動 SDGs 的中谷祐士先生（大津市企劃協調課）（提供：中谷祐士先生）

	重點推動事業	負責部門	綜合計畫 2017 第 1 期實行計畫對策	SDGs	
1	育兒共享經濟推進事業	福祉兒童部	1 育兒環境的充實	8 尊嚴就業與經濟發展	11 永續城市與社區
2	活用 LINE，充實諮商體制	市民部	3 推動反霸凌對策	4 優質教育	16 和平正義與有力的制度
3	推動學校內的支霸凌對策	教育委員會	3 推動反霸凌政策	4 優質教育	16 和平正義與有力的制度
4	充實初等中等教育（推動英語教育）	教育委員會	5 充實兒童教育	4 優質教育	
5	LGBT 支援專案	政策協調部	15 尊重人權及和平社會的實現	10 減少不平等	
6	Otsu 專案 -W	政策協調部	16 實現讓女性活躍的社會	5 性別平等	
7	支援女性創業家	產業觀光部	33 工商業的振興	5 性別平等	
8	打包袋運動	環境部	37 推動循環型社會及強化砂土掩埋的規定	12 負責任的消費與生產	
9	垃圾減量及再生資源的利用	環境部	37 推動循環型社會及強化砂土掩埋的規定	12 負責任的消費與生產	
10	工作方式改革推動事業	總務部	38 行財政變革的強化及永續都市的經營	8 尊屬就業與經濟發展	11 永續城市與社區

圖表 17 大津市 SDGs 重點推動事業一覽表（出自：大津市網站）

註

1. 聯合國宣傳中心（https://www.unic.or.jp/files/sdg_logo_ja_2.pdf）

參考文獻

1. 高木超（2019）「『共創』城鎮未來的友好合作關係應有狀態，實行能反映 SDGs 政策」『國際開發雜誌』2019 年 4 月號，pp.32-33

2. 大衛・彼得・斯特羅（2018）『社會改革之系統思考實踐指南』英治出版

3. 前野隆司（2014）『系統 X 設計思考來改變世界』pp.20-25 日經 BP 社

4. 彼得・聖吉（2011）『學習型組織』pp.108-175 英治出版

以回溯研究方法
來設定目標

在前一章，從 SDGs 的特徵「核心目標關聯（相互聯繫）」的觀點，以系統思考的方式，來思考在地區課題背後的問題。而在本章，將會描寫出理想中達成 SDGs 後，2030 年地方自治團體及地區會呈現的理想狀態，然後再介紹，為了實現此理想狀態需要做哪些事情的「回溯」方法。

從未來反推到現在的思考

■ 預測及回溯

在地方自治團體工作的你，想藉由自己負責的工作來解決特定的地區課題的話，究竟應該採取什麼樣的步驟呢？

如果從現有狀況來思考哪些是改善的對策，並且期待能以單一的對策，或者是累積多項的對策來解決課題，而這種方法就稱為「預測」。英文的 forecast 是「預想」及「預測」的意思，是想像在現狀的延長線上，未來可能會發生什麼事情的思考方式。但是預測是以過去的經驗為基礎，在迷霧中前進，如不往前進就無法知道前面究竟有什麼。

但另一方面，在設定希望達成的目標之後，才去檢討達成目標的手段及對策的話，那麼這種方法就稱為「回溯」（圖表 1）。日文的意思就是，從未來「回推」現在應該採取的行動。

譬如，地方自治團體面臨廢棄物掩埋場的剩餘使用年限逼近的情形，地方自治團體應該會朝著減少掩埋的垃圾量，或是新建焚化爐、掩埋場兩個方向來討論。在過程中，為了實現前者而回頭看現有狀況，假設如果沒有大幅提升現有 20％ 的回收再利用率的話，10 年內將會面臨廢棄物掩埋場的使用達到極限的情形。這個時候，如果你是負責資源循環利用，以及垃圾減量的單位負責人，會考慮怎麼做呢？試試比較「預測」及「回溯」這兩種方法吧！

首先，如果上述案例採用「預測」方法，就要先了解歷年回收率的變化，檢討可能實現的對策，再根據對策的結果，來設定能夠達成的目標值。但像這樣的例子，就算針對現狀加快對策的進行速度，也幾乎不會以回收率80％這種大膽變化作為目標。

　　在組織內部，與現狀的差距越大，就越無法接受把80％這麼高的數值設定成現實目標。而且目標無法達成時，顧慮到居民及議會的追究及批評，結果會設定成「從現況的20％提高到25％」，實現可能性極高的數據。像這樣，在現實世界中，從歷年的數值來設定可能實現的數據，並將它當作是目標的地方自治團體應該有不少吧！

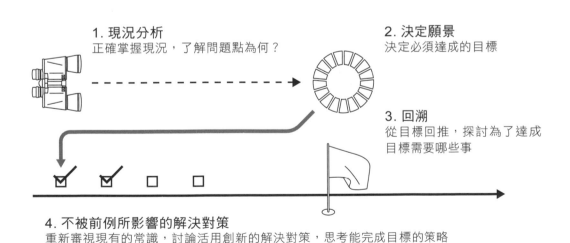

1. 現況分析
正確掌握現況，了解問題點為何？

2. 決定願景
決定必須達成的目標

3. 回溯
從目標回推，探討為了達成目標需要哪些事

4. 不被前例所影響的解決對策
重新審視現有的常識，討論活用創新的解決對策，思考能完成目標的策略

圖表 1 「回溯」的方法

另一方面，如果採用「回溯分析」方法的話，首先要分析現況，要讓回收率維持在什麼樣的狀況，才能解決廢棄物掩埋場的使用剩餘年限逼近的問題。如果結果是必須實現超過 80％的回收率才可以的話，那就先設定「80％的回收率」這個目標，然後從目標往前回推，探討必須要做哪些事才能達成。

■ 能設立偉大目標的「雄心壯志」型方法

把具有企圖心的目標當作是里程碑，回推並討論達成的手段，這種具挑戰性的方式就是所謂的「雄心壯志（moonshot）」型（圖表 2）。1960 年代前半，是無法搭乘飛機就能輕鬆地橫越太平洋四處旅行的時期，但美國第 35 屆總統約翰‧甘迺迪卻發表「在 1960 年代結束前，會讓人類登陸月球」的宣言。並且在後來實現人類登陸月球的阿波羅計畫，這就是設定超乎常理範圍的遠大目標之表現。

回溯思考的目標設定方法

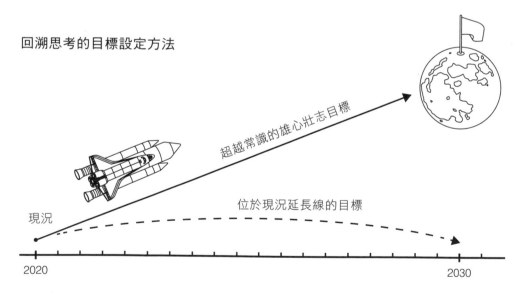

超越常識的雄心壯志目標

位於現況延長線的目標

現況

2020　　　　　　　　　　　　　　　　　　　　　2030

圖表 2　以高處為目標，改變行動「雄心壯志」

關於雄心壯志型方法的效果，SONY 電腦科學實驗室的社長，同時也是所長的北野宏明表示，「『雄心壯志型方法』的真正目的，是在努力達成既定目標的過程中可能會產生各種技術，而當這些技術被運用在社會上，就會讓社會產生改變。這就是雄心壯志型方式所產生的，另一個強大的效果。」10 年後，現在的技術水準及價值觀或許會發生重大的變革。一旦有了改變，那麼可能達成的目標應該也會大幅度地增加。像這種，以現在知識很難想像的思考模式，對實現 SDGs 來說，卻是非常重要的。

在討論 SDGs 時，「回溯」這個用語經常被提及，但不光是從目標回推手段就可以的。設定目標時也要顧慮到「變革」的這件事，這對 SDGs 來說，也是一個非常重要的觀點。但在實際探討政策及對策時，卻又很容易忘記這一點。因此，接著要說明的，是在 SDGs 中非常重要的關鍵之一，就是變革性目標設定的必要性。

　　應該準備什麼樣的推動體制

　　當地方自治團體在推動 SDGs 時，如能將機關內的體制調整好，那麼就能加強推動力。推動範圍廣泛的 17 項核心目標，並非只跟負責地球暖化的環境部，或是負責地區產業活化的經濟部有關。提升推動力的前提是，首長的參與及企劃部門的協調能力，然後是財政部門的理解，以及負責單位的領導能力。

　　提到領導能力，或許有人會感到疑惑，「那是首長應該具備的吧！如果每一個負責的單位都發揮領導能力，不是會變成『多頭馬車』嗎？」不過，並不是只有首長具備領導能力就是好的。俯瞰整個組織，即使首長指示要推動 SDGs，實際上，如果負責的單位沒有發揮領導能力，在各領域達成目標的話，就只是在畫大餅而已。那麼在地方自治體組織內要推動 SDGs 的話，究竟要建構怎樣的體制比較好呢？

　　首先，像靜岡市（靜岡縣）、鎌倉市（神奈川縣）及滋賀縣，是由企劃部門主導體制的例子。為了主管綜合計畫，在形成以基本構想、基本計畫、實施計畫等地方自治團體的基礎計畫中，SDGs 的理念或許會反映出來。但另一方面，要讓主管科室的員工去執行已經理解的 SDGs，可能需要下一些工夫。

　　其他也有像白山市（石川縣）設置「SDGs 推動總部」，這種設置了橫跨部門的會議組織的地方自治團體。大多時候，會議組織是

由首長以下，部局長級的幹部級員工及總務課、財政課以及企劃課長等組成。設置會議機構的優點，就是讓各部門的領導者都能意識到 SDGs。

也有像是富山市（富山縣）及北九州市（福岡縣），則由環境部門主導來推動 SDGs 的例子。其中，由環境部門所主管的「環境未來都市」在 2018 年發展成「SDGs 未來都市」，所以將過去的業務轉換成與 SDGs 相關的。但 SDGs 不只是環境而已，也必須從社會及經濟的層面來綜合解決問題，這一點必須要格外留意。

最後，就是將掌管 SDGs 事務的部門獨立設置 SDGs 推動課的例子。下川町（北海道）及神奈川縣就是屬於這種案例。如果是這種情形，不管內外都會展現積極推動 SDGs 的態度。而從跨領域的觀點來看，獨立設置的部門在推動 SDGs 相關對策時，可以在各科室間擔任協調的角色。這種案例是脫離企劃部門，獨立設置的。

在組織體制中，有關能否對地方自治團體的 SDGs 表現出態度這一點，會因為地方自治團體的規模，有時候很難馬上就設置一個屬於 SDGs 的特別部門，因此希望能夠協調出，適合各個地方自治團體的 SDGs 推動體制。

「變革觀點」的追求

■ SDGs 是「2030 議程」的一部分

接續前一章節，說明 SDGs 與「變革」的關係。究竟為何「變革」是 SDGs 的關鍵字呢？

現在日本將 SDGs 的存在放大，但在一開始，SDGs 只是 2015 年 9 月，紐約的聯合國總部，由聯合國的 193 個同盟國採用「改變我們的世界：永續發展的 2030 議程」的一部分。

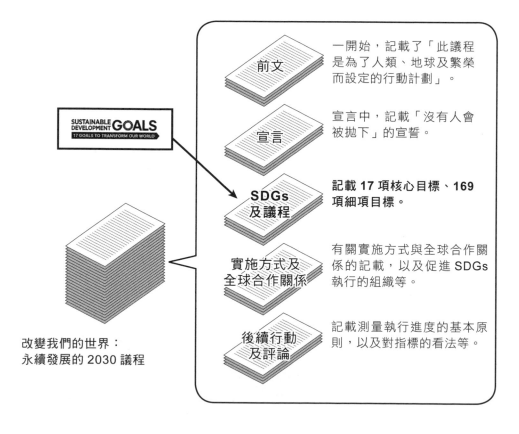

圖表 3　2030 議程構成

2030 議程是由①前文、②宣言、③永續發展目標（SDGs）及議程、④實施方式及全球合作關係、⑤後續行動及評論 5 個項目所構成，其中 SDGs 是 2030 議程的核心（圖表 3）。當然，毫無疑問的 SDGs 是最為重要的，其實構成 2030 議程的項目除了 SDGs 之外，其他部分也包含了實現永續發展世界的重要內容，希望藉此機會對它們有所了解。

而在 2030 議程的標題，清楚寫了「變革（Transforming）」這個字。所謂的變革的意思，不只是單純的改變狀況，而是指連同根本的常識，「從頭到尾徹底改變」的意思。為此，如果有想達成 SDGs 這個目標的野心，就經常需要顛覆常識的「SDGs 觀點的政策」了（圖表 4）。

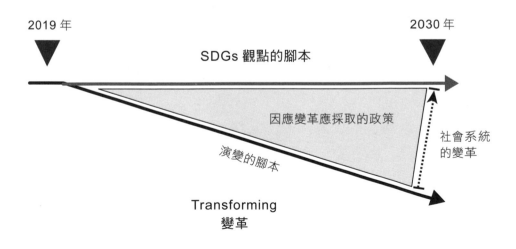

圖表 4　從變革的觀點尋求適合 SDGs 的政策

■ 不產生社會、環境顧慮與經濟發展對立的政策

需要變革的理由有好幾個。譬如,試著從環境這個層面觀察我們所居住地球的永續性。把商品做成拋棄式,可以提高效率,活絡經濟,但在「大量生產、大量消費、大量廢棄」的背後,會對經濟、社會系統產生相當大的影響,就算說再多冠冕堂皇的話,都已經和永續發展狀態背道而馳。

根據世界最大規模的自然環境保護團體 WWF(世界自然保護基金:World Wide Fund for Nature)的報告,假設全世界的人都跟日本人一樣,過著同樣的生活,那麼就需要 2.9 個地球的資源①。以消費接近 3 個地球的日本人的價值觀為前提,來制定地方自治團體政策的話,2030 年永續發展的未來真的能實現嗎?

以熟悉的商品為例,從經濟以外的社會及環境兩層面來思考。你知道,每天工作時使用的電腦是由誰製造的嗎?我們用 SDGs 的眼鏡來

全世界的人如果都過著跟日本人同樣的生活
那麼一年所需的資源會是

2.9 個地球的量

圖表 5　我們使用的資源光是 1 個地球是不夠的

(出自:參考 WWF「日本的生態足跡 2017 最新版」,筆者編寫)

觀察，從電腦「製作完成到被廢棄」的這段循環過程中，應該可以發現到什麼？在生產地的工廠，有沒有忽視勞工人權的工作體制，以及雇用童工的情形正在發生呢？在銷售通路上，有沒有使用過多的包裝材料呢？廢棄時，有沒有想盡辦法讓它更易於回收再利用呢？

像這樣，不光只是去想「賣掉就好」，而是在商品生產到廢棄，這段牽涉範圍很廣的階段，就應該要從環境及社會兩層面去思考。但這不是指「考量環境及社會，那就忽視經濟」。SDGs 希望能將觀念轉換成「透過考量環境及社會，讓經濟更為發展」。

就如序章介紹的「SDGs 婚禮蛋糕」，作為經濟發展的前提，需要具備社會及環境安定的根本才行。以企業來說，不再以過去只為了增加銷售而力求效率化，而是生產「有考量過社會及環境」的商品，同時將它作為附加價值，提高商品的價值感，提升利潤、發展經濟等，就能創造出新的商業模式。

就算是地方自治團體，環境部門也不是只把焦點放在環境，而是需要去討論研究出同時能給經濟及社會帶來正面影響的政策。如果為了把環境擺在第一而對經濟及社會產生負面影響的話，希望以「把影響降低到最小」的觀點為前提，來通盤考慮政策的制定。

因為使用人類史獨一無二的雄心壯志型方法，達成了包括世界各種領域的 17 項目標所構成的偉大目標「SDGs」，我們從過去「經濟發展 vs. 對環境、社會的考量」這種對立關係，獲得了「對環境、社會的考量＝經濟發展」邁向共存共榮的機會。

■ 用「徹底改變」的觀點看待社會構造

這個目標的設定以及實現，絕不是在作夢。在你工作的辦公室，應該有一些邊抽菸邊工作的員工吧？在劃分吸菸區、禁菸已成為基本的現在，有這種員工的職場變得非常少了。但其實在 1989 年那個時候，

電車上就像理所當然似的設置有菸灰缸；電視劇中，在辦公室抽菸也是很一般的場景。飛機全面禁菸大概也是在 1999 年才實施的。這就是一個只要 20 年，就能讓社會常識發生大變化的代表例子！

類似的例子，現在也能在街道看見。例如，無現金化的趨勢發展快速，不久之後，使用現金購買日常用品會變成過往的事情。不妨試著從 SDGs 的觀點想想，伴隨著這樣的社會系統變化所帶來的，是會發生「變革」的政策及措施，想到這裡，或許有些員工會感到心動吧！

難道過去日本從未出現過，這種以雄心壯志型的方式來進行目標設定及課題解決的地方自治團體嗎？當然，即使沒有使用雄心壯志或回溯的用語，還是有地方自治團體是以此來設定目標及解決課題的。接下來想介紹，在 2018 年的日本 SDGs 獎中獲獎，被選定為 SDGs 未來都市的大崎町這個案例。

設定遠大的目標，創造以環境
政策為主軸的地區循環

大崎町（鹿兒島縣）

■ 資源再利用率連獲日本第一的地區

位於鹿兒島縣的東南部，在大隅半島東側的大崎町，人口約 13,000
人，約有 6,700 戶居住於此地區，在豐富的大自然環繞下，以農業為
主要產業。距離縣政府的所在地鹿兒島市約 70 公里左右，但距離鹿兒
島機場約 1 個小時的車程。大崎町盛產芒果及養殖鰻魚，2015 年度的
鄉村納稅額排行榜，在町村組獲得日本第一等等，在財務方面具備相
當高的永續發展意識。

擁有此特徵的大崎町，資源再利用率超過 80％，且連續 12 年獲得
日本第一。大崎町的廢棄物處理計畫稱為「大崎系統」，其有關 SDGs
的背景也受到國內外的注目，在 2018 年底舉辦的第 2 回「日本 SDGs
獎」，獲得了副總部長（內閣官房長官）獎，同時也被選定為 2019 年
度 SDGs 未來都市，地方自治團體 SDGs 模範事業。

■ 設定超越常識的目標，與社區民眾一起實現

大崎町的高資源再利用率，即使是現在仍受到國內外的注目，但事
情的開始是源自於一個嚴重的課題。

	選項	必須負擔的成本	主要課題
1	蓋焚化爐	・建蓋費用 ・每年 2 億日圓的維護費用	・高額的建蓋費用 ・維護費用的負擔
2	蓋新的掩埋場	・土地取得費用 ・整理費用 ・每年 9,000 萬日圓的維護費用	・周遭居民的反對 ・找不到新的土地
3	延長既有掩埋場的使用年限	・每年 9,000 萬日圓	・大幅減少需要掩埋的垃圾

圖表 6　當時，大崎町考慮的三個選項

　　1990 年之前，大崎町跟鄰近的志布志市，有部分業務方面是共同運作的②，像是垃圾這一點就是由志布志市內的掩埋場處理。但在數年後時限逼近，掩埋場剩餘掩埋容量接近飽和點。1990 年，當時掩埋場的期限是設定在 2004 年，而大崎町能夠選擇的，只剩下三個選項（圖表 6）。

　　第一個選項，就是蓋焚化爐。焚化爐建設費用，能獲得國家將近一半的補助，大多數的地方自治團體選擇此方式。但大崎町及志布志市的負責人，發現興建後會產生維修費用這個無法忽視的大課題，所以放棄蓋焚化爐。事實上，粗估當時大崎町的人口數，維修費用每年大概接近 2 億日圓（約台幣 4,600 萬）。而過去大崎町花費在廢棄物處理的經費，一年大約是 9,000 萬日圓（約台幣 2,000 萬），所以最後只能夠放棄。

　　而第二個選項，是蓋新的掩埋場。因為廚餘等有機廢棄物發酵後會產生臭味，容易引來烏鴉及蒼蠅等等，對居住在附近的居民來說，掩埋場是一個「嫌惡設施」。因此，這一個選項是不可能被附近居民所接受，而且又找不到可以替代的土地。

最後第三個選項，就是為了讓掩埋場的使用年限至少撐到 2004 年，進行垃圾減量。但想讓已經接近掩埋容量飽和點的掩埋場延長使用年限，就必須徹底執行資源再利用，所以這是距離現實相當遠的雄心壯志型目標。

■ 透過行政的努力及居民的協助而誕生的「大崎系統」

讓已經瀕臨使用年限的掩埋場延長 10 年的使用時間，正常來看是一項超乎常理的目標設定，而為了達成目標，就必須在變革方面下工夫。行政為了完成此目標，就要徹底思考，可以與居民各自做到哪些事情？

首先，由行政機關負責確保收集回來的廢棄物有地方處理（最終處理場所），以及決定回收日、回收時間、回收場所、資源回收車路線等，同時培養能在垃圾收集處指導居民垃圾分類的地區指導員，並舉辦能前往掩埋場實地參觀的環境學習活動等。

1990 年代後半，因為與容器類回收法③的施行在同一時期，所以居民逐漸熟悉「再利用」這個用語，讓居民一起了解垃圾處理的現狀，「按照過去的垃圾回收方式，掩埋場會爆場的。大家可以一起做好垃圾分類，努力減少垃圾數量嗎」，再三跟居民說明減少家庭垃圾量的必要性，讓他們能慢慢地理解，開始分類回收。

另一方面，市民則是在家庭或是工作場所做好分類，按照規定將分類好的垃圾丟棄在稱為垃圾站的回收場所。其實筆者也會在早上，在垃圾站做分類回收，就算是分類的項目十分地瑣碎，市民還是很認真地在做。

各地區會組成稱為衛生地方自治會的市民組織，在各地區的收集日，各衛生地方自治會的指導員會在垃圾站檢查，協助居民做好垃圾分類。他們會一年一次前往掩埋場參訪，親眼見證垃圾處理場已達飽和的狀態等，讓他們一起理解行政課題的實際狀況，了解到就因為是與生活

圖表 7　大崎町的家庭垃圾分類表　(出自：鹿兒島縣大崎町網站)

密切相關的垃圾收集問題，所以才需要居民的合作，共同面對課題及目標也是必要的。

　　一開始在分類回收的時候，町政府機關在町內約 150 地區，總共召開了 450 場的說明會。行政踏踏實實的努力，也是成功的關鍵之一。

　　歷經這樣的過程而完成的，就是受到國內外關注，稱為「大崎系統」的，貫徹再利用的垃圾分類回收方式。

■ 從貫徹分類回收開始的熱能地區循環

　　大崎町的垃圾分類有 27 個細項（圖表 7）。沒想到連「免洗筷」都是 1 個細項，瓶子也細分成「褐色瓶」、「無色瓶」、「可再使用瓶（被業者回收的可多次使用瓶）」以及「其他瓶」等 4 項。

　　每個月 1 次，居民可以在地區所規定的時間，把這 27 項分類的垃圾拿到回收站回收（圖表 8）。重點是，廚餘的分類。廚餘全部混在一起的話，體積會太大而造成回收的負擔，而且特殊的臭味也會降低居民分類的意願。

圖表 8　在回收中心分類的情形（左），以及居民環境課的松元昭二先生，向來自印尼的訪問團說明分類的方法（右）。

　　大崎町從垃圾回收的階段開始，就委託給民間企業的「SOO 回收中心」。垃圾車則只回收同一種的分類項目，這樣能夠省去在回收中心再次分類的工夫，除此之外，也可看到其他企業特有的、講求效率的做法。被回收的垃圾會在同一個中心檢查，然後當作資源出貨。

　　譬如，把廚餘做成堆肥，取名為「小環，歡迎回來」的肥料，成為油菜花田的營養，然後再將油菜花商品化，知名的純國產菜籽油「菜籽辦到了」就是這個町的特產。而且菜籽油也可作為回收車的燃料，如此建構出循環型的地區系統。大崎町及衛生地方自治團體的作法，在環境方面確實提供相當大的貢獻，2015 年度在循環社會形成推動功勞者大臣獎中，得到環境大臣獎。

■ 因為居民的合作才能有此成果

　　大崎系統的成效，顯而易見。

　　掩埋場的使用年限是從 1990 年至 2004 年，但在 2019 年的現在卻仍在使用，且估計還可以再使用 40 年以上。另外，大崎町每個人的一

年垃圾處理費變成 7,000 日圓左右（約台幣 1,600 元），是全國平均的一半以下。目前全國各地使用焚化爐的地方自治團體回收率逐漸下降，這與超過 80％回收率的大崎町明顯產生對比，而全國的回收率平均約 20％。「大崎系統」降低行政成本的效果明顯，一年約可減少 1 億日圓（約 2,300 萬台幣）以上。

相信大家可以了解到，對於設定這種雄心壯志型的目標，必須要有地區公所員工的熱情及居民的協助才有可能辦到。事實上，讓居民在日常生活的「丟垃圾」上面，徹底執行分類回收是會造成相當大的負擔，居民環境課的松元昭二先生也相當同意，「獲得地區主人，也就是居民的協助是成功的原因」。

■ 連鎖的正向影響並不局限於環境領域中

站在 SDGs 的角度看，大崎町又是如何以「大崎系統」來解決課題呢？

首先，觀察大崎町的作法主要是從環境脈絡來推動的，它是從 2018 年 8 月開始加入 SDGs 這個新觀點。獨立行政法人國際協力機構（JICA）的森田晃世先生的研究為其契機。森田先生現在是 JICA 的人事部附國內研修生，身為大崎町綜合戰略推動總監，積極帶領夥伴執行 SDGs 策略。

森田先生針對在前述的第 2 次「日本 SDGs 獎」獲得的評估，提出「在推動資源再利用事業時，讓居民聚集在回收中心的這件事，能夠增加跟高齡者及長住外國人溝通的機會，而多元文化溝通也與策略推動有關」的看法。

換言之，在 SDGs 框架內，重新理解大崎町創造出的大崎系統，能對環境領域有所貢獻，且會對地區的社會及經濟帶來正面影響。

「回收中心具備了加強居民互動關係的功能」，這是讓東靖弘町長也感受到的，在社會層面發揮的效果。而從經濟層面來說，40 名受雇者的「SOO 回收中心」本身是一項新的產業，其繼續會因為與 JICA 的合作，

迎接首次輸出至印尼雅加達的全新發展。

　　另外，因為「大崎系統」而減少的垃圾處理費，除了可作為地區衛生地方自治會的活動使用外，也提供給像是「大崎町資源再利用未來創生獎學金制度」等行政服務，給居民新的機會。大崎町以大崎系統為切入點，替經濟、社會、環境三層面帶來連鎖的正面影響，且作為循環型地區經營模型，使其運作方式體系化，為邁向 SDGs 而持續努力。

■ 並非成果，課題分享才是成功關鍵

　　有關在 SDGs 脈絡被賦予的評估，大崎町的企劃課長中野伸一先生（圖表 9）這麼說，「『混在一起是垃圾，分開來就是資源』的這句俏皮話，就是行政與町民同心協力的結果」。

　　現在大崎町在原有的 Reduce（垃圾減量）、Reuse（再利用）、Recycle（回收）的 3R 加上 Refuse（拒絕會變成垃圾的東西）後，變成「4R」，在垃圾分類給予重要位置，希望居民同樣也能給予支持與協助。

　　在活用 SDG9「產業創新與基礎建設」相關的資訊與通訊技術（ICT）方面也相當積極，而衛生地方自治會從 2017 年 10 月開始，提供給智慧型手機及平板也能下載的「大崎町垃圾分類 APP」。只要活用此 APP，就能輕鬆確認垃圾分類方法，以及可以丟垃圾的日期了。

圖表 9　熟知「大崎系統」的企劃課長中野伸一先生。

像是大崎町的公關宣傳刊物「宣傳OOSAKI」，企劃協調課負責宣傳觀光的年輕員工的創意，從2019年5月開始連載SDGs核心目標的解說（圖表10）。加上政府機關員工自動自發採取行動，SDGs也慢慢開始滲透到城市了。

　　不只是大崎町，如果在設定雄心壯志的目標後，需要居民的力量才能達成的話，那麼行政機關讓居民了解到「城市共同擁有的課題」是非常重要的。因為若居民沒有機會了解城鎮真實狀況，就不容易具備課題意識了。

　　作為行政部門，是否會因為想得到居民的信任，就不分享自己不擅長的事情以及課題給居民，而只是強調成果呢？如果是單一課題的話，或許單靠行政部門就可以解決，但SDGs數量有17個，加上包括的領域太過廣泛，如果想要達成目標，就需要地區中，所有相關人士的共同合作。首先關於地區的課題，行政需要與居民分享，用盡全力去思考目標及解決的對策，這將會成為邁向SDGs的一大步！

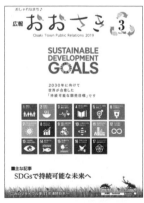
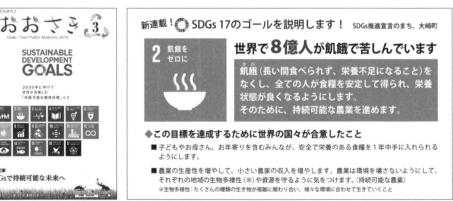

圖表10　「宣傳OOSAKI」2019年3月號的篇幅（左），以及同年6月號的封面（右）。（出自：大崎町網站）

　　　以目標為基礎，國際社會的新治理方式

　　本書雖然把焦點放在地方自治團體及地區，但在全球化框架下，也向大家介紹 SDGs 對象的範圍，也就是國際社會的背景。

　　根據研究 SDGs 的先驅者，慶應義塾大學的蟹江憲史教授所言，在多數國家之間的外交場合，過去皆採用訂定條約及協定來達成目標的方法④。也就是說，各國在法律的框架下，在國際交涉場合經過反覆的協調，制定出國際社會共通的新規定，用來解決課題。

　　但 SDGs 並不是在制定規定後才朝向目標前進的，而是從充滿企圖心、理想的目標開始，思考為了達到目標的具體行動及政策。SDGs 的進展是根據指標所測量出來的，所以進展狀況是以各國自己的水準來觀測的，而達成指標數值並不會產生任何法律約束力，沒有達成也不會有任何罰則。但即便是如此，透過公開各國的數據，各國之間產生「如果鄰近國家能提出這麼漂亮的數據，那麼我們國家就應該要更全心投入」的競爭心態，以加快各國完成目標的速度。蟹江教授表示，「這種方式在全球治理上是前所未見的」。

　　此競爭原理在地方自治團體也可看到，在打算解決某特定課題時，通常會嘗試去了解鄰近市町村及先進地方自治團體的狀況。但反過來看，鄰近地方自治團體可能會有舉足不前的傾向，所以必須要先認清，立案的對策是否真的能解決課題。

SDGs 的第 18 項核心目標

　　雖然 SDGs 包含的課題範圍相當廣泛，但也不是所有的課題都能網羅在內。因此，也有在 17 項核心目標加上第 18 項的想法。

　　東南亞的寮國就是其中一例。在寮國國內，地下埋了非常多在越戰時的未爆彈。即使是現在，預估數量超過 8,000 萬個，而到目前為止，成功移除的未爆彈僅有 130 萬個（約 1.6％）。未爆彈的存在影響到當地人民的生活，並成為國內關為農地以及基礎建設開發的阻礙要因。寮國政府為了突破此現狀，提出第 18 項核心目標「Lives safe from UXO（沒有未爆彈的安全生活（※筆者譯））（圖表 11）。

　　世界人口快速增加，但日本卻因為人口減少，面臨到少子化及高齡化，以及農村人口外流的問題。而日本的做法，就是將此需要解決的課題設定為第 18 項核心目標。如果覺得 SDGs 是遙不可及的事情，那麼不妨試著將你居住地區特有的課題當作是第 18 項核心目標，慢慢地去接觸 SDGs 呢？

圖表 11　寮國設定的第 18 項核心目標

（出自：United Nations Lao PDR "SDGs 18:Lives safe from UXO"）

註

1. 2019 年 6 月 1 日，現在。

2. 為了執行複數市町村共同負責的行政服務而設置的。規定於地方自治法第 284 條第 2 項。

3. 將佔家庭丟棄垃圾六成（容積比）的容器廢棄物做有效的資源再利用，減少垃圾量的法律。2000 年已全面開始實施。

4. 蟹江憲史（2017）「永續發展目標為何？迎向 2030 年的變革議程」PP.1-20，Minerva 書房。

參考文獻

1. United Nations Lao PDR「SDGs 18:Lives safe from UXO」
   http://www.la.one.un.org/SDGs/sdg-18-lives-safe-from-uxo
   （最後存日：2020 年 1 月 16 日）

2. 外務省網站「提供寮國無償資金協助「加速南部地區未爆彈拆除計畫」的往來書信」，平成 30 年 10 月 8 日。
   https://www.mofa.go.jp/mofaj/press/release/press4_006559.html
   （最後存取日：2020 年 1 月 16 日）

3. 鹿兒島縣大崎町官方網站
   https://www.town.kagoshima-osaki.lg.jp/
   （最後存取日：2019 年 7 月 7 日）

4. 內閣府網站「有關令和元年度『SDGs 未來都市』等選拔（令和元年 7 月 1 日記者發表資料）」
   https://www.kantei.go.jp/jp/singi/tiiki/kankyo/teian/2019SDGs_pdf/SDGsfuturecitypress0701.pdf
   （最後存取日：2019 年 7 月 7 日）

5. 蟹江憲史（2017）「永續發展目標為何？迎向 2030 年的變革議程」PP.1-20，Minerva 書房

6. 法律「容器回收法」經濟產業省網站
   https://www.meti.go.jp/policy/recycle/main/admin_info/law/04/index.html
   （最後存取日：2019 年 10 月 26 日）

7. 野宏明「Moonshot 型的研究方法的本質」SONY 網站
   https://www.sony.co.jp/SonyInfo/Jobs/singularityu/interview03/
   （最後存取日：2020 年 1 月 16 日）

8. WWF「日本生態足跡 2017 最新版」
   https://www.wwf.or.jp/activities/lib/lpr/20180825_lpr_2017jpn.pdf
   （最後存取日：2020 年 1 月 16 日）

STEP 3

引進新觀念，
讓 SDGs 與地方自治團體
策略合而為一

在 STEP 2 中，說明了 SDGs 核心目標（SDGs Goals）及細項目標（SDGs Target）關聯性的「相互聯繫」（SCENE 1），以及訂下要實現的目標，然後往回推實現過程的「回溯」（SCENE 2）。希望各位腦中先存有這些 SDGs 的特徵後，再次通盤思考下面這些事：

包含理解 SDGs 的意涵跟基本知識，進而分析地區課題、在設定目標上採取何種具體作為、所屬地方自治團體原有的政策如何取得折衷這些策略。本章想要介紹，讓地方自治團體的策略從綜合計畫以下，不只能夠與 SDGs 相互「對應」，而且還要能夠「活用」的方法。

「用」SDGs 整理，檢查吧！

■ 找到對完成目標有所貢獻的政策

首先，在 SDGs 框架下試著整理出地方自治團體所做的努力。相信這樣應該就能發現，過去推動的政策及對策中，有一些是對達成 SDGs 目標有貢獻的。

舉例來說，地方自治團體經常舉辦一些希望市民踴躍參加的「環境清潔」，如果以 SDGs 來看：將清掃的目的「美化市容」以及「街上看不到垃圾的地區」，再賦予 SDGs 觀點，向來參加的市民表示，會有什麼不同呢？

要達成 SDG14「水下生命」這目標採取的作法有**細項目標 14.1「大幅減少漂浮於海洋的塑膠垃圾」**這項。由此觀點切入的話，在垃圾流入海洋前能將寶特瓶及購物袋等常見的塑膠類垃圾回收，那麼地方自治團體所舉辦的市內清掃活動，是否也對 SDG14 有所貢獻了呢？

內陸地區的地方自治團體也不例外。像利根川及淀川這樣的一級河

川，也是從位於上游的許多支流匯入的，而支流本身的水則是從河道流入的。要是被丟棄在路上的寶特瓶因風雨而流入河道的話，可能會隨著支流及本流而流進海洋的。換句話說，我們可以這樣思考，地方自治團體的環境清潔活動隱含了防範海洋塑膠垃圾污染的效益。

若將環境清潔活動的目的從「美化市容」變成「抑制海洋塑膠垃圾污染，對 SDGs 有所貢獻」，進而達成「實現永續發展」這個目標，提高活動的社會意義，增強參加者的意願。相較於過去的觀點，稍微往上一個層次來思考，就是所謂的「後設認知」，近年來受到相當的注目。據說，後設認知能夠讓我們獲得有助於成長的「察覺」，並且能從臆想及思考習慣跳脫，讓我們透過察覺及廣闊的思考創造出新的點子（細谷 2018）。

里程碑（milestone）的設定

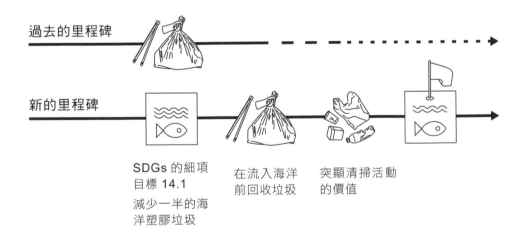

圖表 1　用 SDGs 架構來整理及重新審視

聯合國全球盟約發行的「SDGs企業行動指南」，是以社會需求等的外部（outside）角度，重新審視政策及尋求解決的方法，稱為「由外而內（outside-in）」。以SDGs這個外部的價值觀，重新整理現行的政策及對策，然後再去重新評估位於原本政策及對策的價值。

■ **將從全球觀點來看的細項目標，替換成自己地區的**

我們在STEP 2的「以系統思考方式分析課題的工作坊」中練習過從核心目標的標語聯想，將內容自由黏貼的活動。但是在設定要採用的SDGs的目標時，必須要確認169項的細項目標。

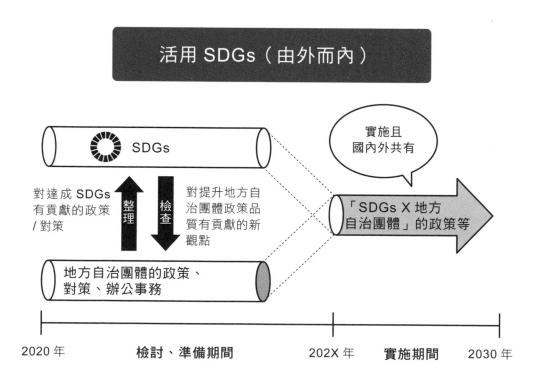

圖表2　SDGs與地方自治團體政策的關係

或許你會嘆氣「蛤？竟然要確認 169 項細項目標喔⋯⋯」，但「欲速則不達」，仔細確認，才是活用 SDGs 絕佳作法。

如何確認工作，也請使用剛剛介紹過的「由外而內」的方法，從 SDGs 的全球角度檢查地方自治團體的現況，找出不足的地方，就能研究出解決對策。如序章提過的，細項目標（SDGs Target）就像是在達成核心目標（SDGs Goals）之前，必須經過的里程碑。而細項目標大多就寫著「目標年限」及「實施方式」，「希望獲得的成果」等。這些細項目標就用來提升現行政策、對策的品質。

用本書 STEP 2 提到的，SDG11「永續城市和社區」以及**細項目標 11.5「在西元 2030 年以前，將焦點放在保護弱勢族群與貧窮者，並大幅減少災害的死亡數以及受影響的人數，大幅減少災害所造成的 GDP 經濟損失」**為例，可以整理出：

● 2030 年以前。（目標年限）

● 將焦點放在保護弱勢族群與貧窮者，並大幅減少災害的死亡數以及受影響的人數。（實施方法）

● 大幅減少災害所造成的 GDP 經濟損失。（期待的成果）

■ 重新審視替換掉的細項目標規模

接著，以地方自治團體的尺度（scale）重新審視這個細項目標。譬如，期待的成果修正「大幅減少災害所造成的本市經濟損失」，而實施方法則調整為「將焦點放在保護弱勢族群與貧窮者，並大幅減少本市的災害死亡數、及受影響人數」。

在確認「由外而內」的目標時，建議可從幾個較為優先的課題開始。

接著，也要檢視測量核心目標進度的指標（indicator）是否同樣也能活用於地方自治團體。以前述的細項目標 11.5 為例，那麼 11.5.1「每

10 萬人的受災死亡者、失蹤、受傷者人數」在地方自治團體要替換成「全市的受災死亡、失蹤、受傷者人數」的指標，然後再思考如何做能減少這些人數的解決對策。

而對地方自治團體來說，有關這類計畫有關的業務大多是在檢討綜合計劃時進行。可以從與 SDGs 同樣牽涉範圍廣泛的綜合計劃既定的防災相關政策、對策當中，確認哪些有助達成 169 項核心目標，以及 232 個指標開始下手。

■ 試著思考地方自治團體的實際施行措施

我們用被選為 2019 年度「SDGs 未來都市」的川崎市（神奈川縣）所訂定的「川崎市永續發展目標（SDGs）推動方針（以下稱 SDGs 推動方針）」為例來說明。

川崎市透過進行綜合計劃，展現出致力達成 SDGs 的態度，藉由 SDGs 推動方針與綜合計畫相互連動，來促進 SDGs 的達成。

具體作法之一，就是將現行綜合計畫中的 23 項政策、73 項施行措施與 SDGs 的核心目標及細項目標能夠相互對應（圖表 3）。

譬如，「災害中守護生命」這項政策，在實施計畫中有施行措施的方向性及相關的事務事業，要讓施行所相對應的 SDGs 的核心目標及細項目標更為明確。而**細項目標 13.1「強化所有國家對天災與氣候有關風險的災後復原能力與調適適應能力」**，就要查看在事務事業中，是否有相對應的項目正在進行。

川崎市是像這樣先分析現有的政策及措施，然後檢視事務事業是否有跟 SDGs 的細項目標同一方向，非常慎重的面對 SDGs。

川崎綜合計畫 第 2 期實施計畫的施行措施與 SDGs 之對應（例）

政策 1-1 災害中守護生命

施行措施 1-1-1 推動面對災害、危機狀況時應採取的政策

相關事務事業	相關核心目標	相關細項目標
●防災對策經營管理事業 ●地區防災推動事業 ●防災設施維修事業 ●提升公園防災機能事業 ●重建總廳舍等事業 ●港灣設施翻修（防災、減災）事業 ●海岸保全設施維護事業 ●預防水災業務	**1** 消除貧窮 **9** 產業創新與基礎建設 **11** 永續城市與社區 **13** 氣候行動 **17** 夥伴關係	1.5 9.1 11.5 11.7 11.b 13.1 17.17

圖表 3 整理現有措施與 SDGs 核心目標的關聯

（出自：筆者根據川崎市網站資料編寫）

■ 從 SDGs 項目中選出現行政策進行檢討

接著，川崎市把 SDGs 作為檢查清單來促使現行政策及措施的品質提升，並且檢視是否有讓政策發揮最大效果的切入點。來回確認 SDGs 的細項目標，盡可能從各種不同角度來檢討是否能反映到政策與措施上。

譬如用細項目標 10.2「**促進社經政治的融合，無論年齡、性別、身心障礙、種族、人種、祖國、宗教、經濟或其他身分地位**」觀點來考量防災措施，就從是否以身心障礙者，以及不擅於使用日本語溝通的外國籍市民為主體，重新審視災害對策（圖表 4）。

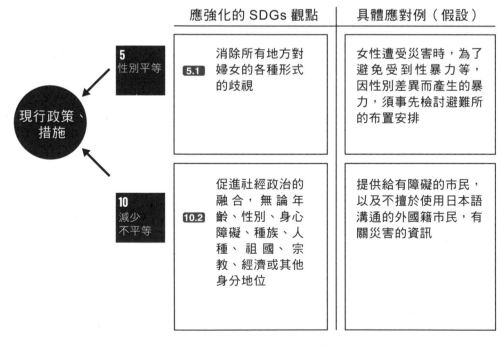

圖表 4　從 SDGs 觀點討論現行措施應增加的要素

再者對於事務的改善，則從**核心目標 5.1「消除全球對婦女與女童一切形式的歧視」**觀點，提出「女性遭受災害時，為了避免受到性暴力等因性別差異而產生的暴力，須事先檢討避難所的布置安排」等具體對策。而且不只是在防災上，應從確保機關內部會議的女性參加者人數開始做起，避免政策的觀點過於偏向男性。

實際上，內閣府對東日本大地震的 3 個受災縣市調查發現③，有許多女性對生理用品，以及幼兒尿布等防災備用品提出要求。如果行政的防災部門全都是男性員工的話，能夠注意到這類防災備用品的需求嗎？

SDGs 能讓我們發現過去被忽略掉的「應該改變的事」以及「理所當然事情的重要性」，這些對居民是有所幫助的。

以管轄業務來建構的行政組織，有時候會被揶揄說是「縱向領導」。當然，縱向組織體系有優點也有缺點，然而 STEP 2 提到 SDGs 特徵是（橫向）相互聯繫，那麼不只是決定政策，施行措施的目標設定、施行方向，以及討論課題解決的方式時，也需要不行政組織科室架構的限制。

本章以下介紹，活用 SDGs 特徵，讓目標達成可以加乘效果，並且能跨越部門界線的工作坊。

引出主體夥伴的加乘效果

目　　的：由各種不同的利益相關者找出課題解決的方法

關　鍵　字：加乘效果、相互關聯

預估時間：20 分鐘

■ 座位布置

● 布置成一組起碼 2 人的座位

■ 準備物品

● 曼陀羅（九宮格）思考法表格（最好是 A3 尺寸）

● 水性筆（不會透到背面）

圖表 5　各種準備物品

使用在前面工作坊中，作為槓桿點的主題。

　　首先，從前面工作坊「整理課題的工作坊」步驟 2 所提出的意見組當中，選出能起最大變化的重要要素（leverage point）作為關鍵字，寫在曼陀羅思考法表格的中間。此活動可以單獨進行，但因為相互討論會比較容易產生想法，所以也可以兩個人一起進行。

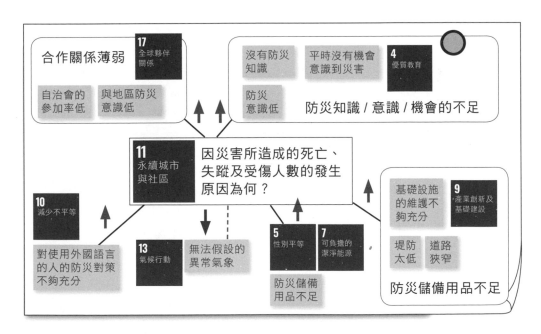

圖表 6　選擇細分好的問題（原因）

下面以「提升地區防災力」為例，進行說明。

在寫入曼陀羅思考九宮格的中央時，把問題（現狀）改以課題（應解決的狀態）的方式來呈現。譬如「合作關係薄弱」這個問題，請寫為「強化合作夥伴關係」的課題，如「防災知識及機會不足」的問題，則改成「提升地區防災力」。

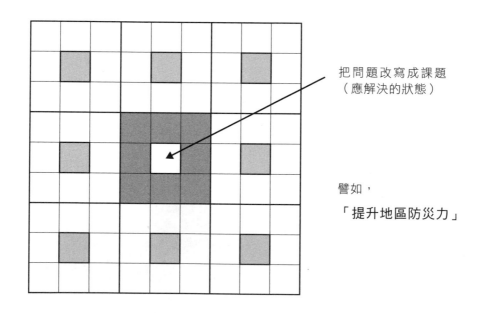

把問題改寫成課題
（應解決的狀態）

譬如，

「提升地區防災力」

圖表 7　課題寫在曼陀羅思考九宮格的中央

接著，在中間寫了課題的方格四周，寫上解決對策。

以圖表 8 為例，包含能作為「提升地區防災力」課題的有效手段、能顯示哪個地區最容易遭受水患狀況的「災害預測地圖製作及利用」的這個想法，以及開發防災 APP，讓居民透過智慧型手機就能獲得資訊的方式，或是在中小學進行防災演練，提高各世代防災意識的方法等，都可以寫在上面。

在想點子時，腦力激盪的基本也就是「自由想像」是很重要的，不被行政框架所拘束，才會想出好的點子。

這個步驟大概設定 5 分鐘左右，就算 8 個空格沒有填滿也沒關係，但還是希望參加者能盡量的填滿。

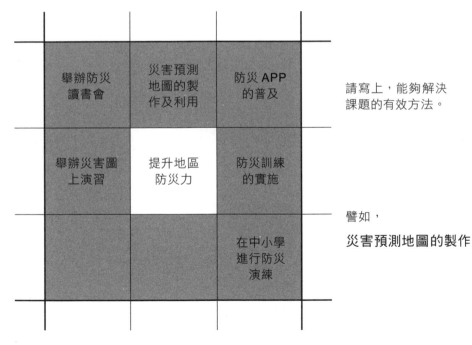

圖表 8　討論解決中間課題的方法

接下來，針對寫上去的 8 種方法當中，覺得再進一步討論的意見，把它謄寫在周圍的空格。這次以「災害預測地圖的製作及利用」為例來說明。

首先跟剛才一樣，思考為了實現寫在九宮格中間的點子，需要採取哪一些行動。這個時候，將自己所屬的部門可以做到的事情寫上去。如果你是在區公所的窗口，負責市民戶籍的遷入、遷出等手續的戶政員工，想出「將災害預測地圖發給戶籍遷入的市民」這點，在無法確保預算下，還是可以從自己的視野，把自己可以做到的點子寫上去。此時，想出點子的人也把自己所屬的科室也一起寫上去。

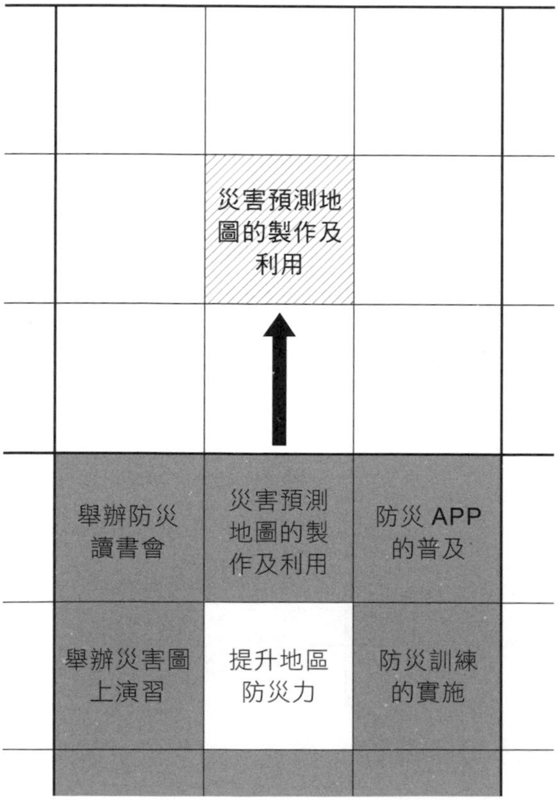

	災害預測地圖的製作及利用	
	↑	
舉辦防災讀書會	災害預測地圖的製作及利用	防災 APP 的普及
舉辦災害圖上演習	提升地區防災力	防災訓練的實施

請將寫在灰色空格的方法，個別謄寫在畫斜線的空格內。

圖表 9　從能解決九宮格中間課題的對策當中，選出 1 個並且深入探討

重點是，要先覺得推動災害預測地圖的製作、活用這件事，是對自己的工作會帶來好的影響之手段。譬如，是因為認為「自然災害有可能增加，當戶籍遷入的人來區公所時，有不少人會詢問災害預測地圖發放的地點。這樣的話，不如一開始就跟垃圾處理日曆等一起發放，這應該跟提升市民服務有關吧」而想出這樣的點子，是最為理想的。

當然，以「照理說應該是由危機管理課來發放的，但也可以由我們部門來幫忙發放」的志工精神來進行也是可以的，但要是承辦人或部門主管異動時，這件事就有可能會無法繼續下去了，因為這對自己一點好處也沒有。所以盡可能找到對自己也會有好影響的點子。要是沒有想到，可以參考書後的附錄「幫幫我骰子」。

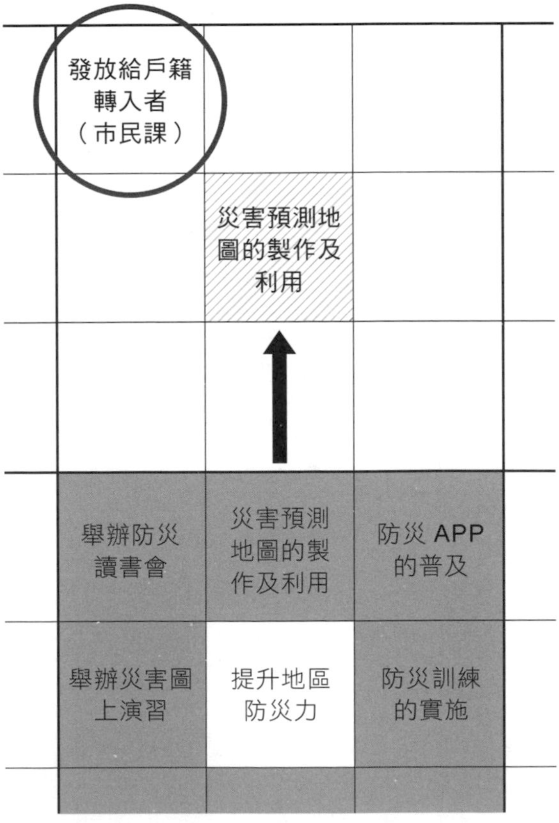

請寫出自己所屬部門在執行解決對策時，可以做到的事。

譬如，

能夠在災害預測地圖製作完成後，市民課的自己在辦理窗口發給戶籍遷入者。

圖表 10　討論自己所屬部門能夠做的事

只靠自己所屬部門實現解決對策雖然是一件很棒的事，但要將 8 個空格全部填滿並不容易。那麼，接下來我們思考一下實現「災害預測地圖的製作及利用」時，其他部門可以做的事，或是希望別的部門給予什麼樣的協助？

　　譬如，回想過去所屬部門是不是有能夠辦到的事，應該就比較容易想到點子了。假設是多文化共生課（多元文化共存），那麼在「災害預測地圖的製作及利用」的時候，除了日本語外，會想到應該斟酌外國籍居民的比例，按照優先順序來發行像是中文、韓文、西班牙文、葡萄牙文及高棉語等多國語言的版本。這個時候，如能使用前面提到的世界咖啡館，應該能獲得更為廣泛的意見。

發放給戶籍轉入者 （市民課）	重新審視住院患者的逃生路線 （市立醫院總務課）	發行多種語言版本 （多文化共生課）	
與防災 NPO 團體的相互支援 （市民活動課）	災害預測地圖的製作及利用		
	災害所引起的地區危險度調查 （危機管理課）		
舉辦防災讀書會	災害預測地圖的製作及利用	防災 APP 的普及	
舉辦災害圖上演習	提升地區防災力	防災訓練的實施	

寫出機關內的其他部門，在執行解決對策時可以做的事。

譬如，

災害預測地圖的製作，多文化共生課可以發行多種語言版本。

圖表 11　尋找自己所屬部門之外的其他部門能夠給予協助的事

前述過程中是為了實現「災害預測地圖的製作及利用」，行政機關職員竭盡心思做好能夠辦到的事。接下來，把注意力放到政府機關外。解決地區課題，不一定只由行政機關執行才是好的。反而如果有民間企業、NPO、退休的年長者及學生等範圍廣泛的利益相關者加入，課題解決的可能性或許能更提高。

就災害預測地圖來說，透過當地電視台的防災資訊節目，或許能讓較多的市民了解地圖的使用方法。

過去，有關地區課題，行政機關會自己關起門來努力解決。但這樣做是不行的，而且這個課題本來就是整個地區的課題，所以要敞開大門，一起找到解決對策才行。「地區課題不能由行政機關獨占」及「不要由一個部門來思考，應該機關內、外一起合作」才是在 SDGs 時代應有的想法。

發放給戶籍轉入者 （市民課）	重新審視住院患者的逃生路線 （市立醫院總務課）	發行多種語言版本 （多文化共生課）
與防災NPO團體的相互支援 （市民活動課）	災害預測地圖的製作及利用	活用災害預測地圖，開發卡片遊戲 （遊戲公司）
使用人工衛星，預測遭受洪水侵襲的狀況 （學術機關）	災害所引起的地區危險度調查 （危機管理課）	與防災資訊節目合作 （當地電視、廣播）
舉辦防災讀書會	災害預測地圖的製作及利用	防災APP的普及
舉辦災害圖上演習	提升地區防災力	防災訓練的實施

行政組織以外的合作
寫出執行解決對策可以做到的事

譬如，
製作好災害預測地圖後，可以與當地電視、廣播合作，在防災資訊節目中，將災害預測地圖的使用方式進行宣導。

圖表 12 試著與機關外的各行動者一起合作

/ **何謂曼陀羅思考法**

　　本章介紹的「曼陀羅思考法」是在 1980 年代，由今泉浩晃先生運用九宮格所想出的發想方法。

　　在 3×3 的表格中間寫上主題，周遭的 8 個空格則寫上解決方法等，發揮創意。如字面的意思，跟佛教的曼陀羅相同，創意也如蓮花般盛開為其特徵。

　　最近，運動選手也會利用此方法來整理、確認今後目標以及須解決的課題，對目標達成非常有幫助，用途相當的廣泛。

圖表 13　使用曼陀羅思考九宮格進行研習活動

　　　幫幫我骰子

　　在圖表 14，將本書附錄「幫幫我骰子」的 6 個面做成表格。行政機關的特色之一，就是「會去想辦不到的理由」的這種風險管理意識很高。就「不浪費稅金」這個角度來看或許是好事，但有時候努力嘗試去找出「辦得到的理由」，將有助於提升自己的工作價值。而習慣這種思考方式也代表著，此研習活動是有幫助的。

　　當沒有靈感的時候，請使用這個骰子，從各種不同角度來思考，找出讓人興奮的解決對策吧！

	思考的角度
1	能夠一起達成的共同目標是？
2	如果有想要讓他開心的人，那是誰？
3	可以簡化的業務是？
4	能夠提升價值的業務是？
5	能迅速得到結果的業務是？
6	可以縮減預算的業務是？

圖表 14　幫幫我骰子的 6 個面

圖表 15　幫幫我骰子完成後的樣子

分析因課題解決發生的取捨問題

目　　的：將設定解決方式所帶來的影響可視化

關　鍵　字：取捨、相互關係

預估時間：60 分鐘（包括發表、共同時間的 10 分鐘）

　　有關實現目標的做法，到目前為止是以自己所屬的部門為中心，加上其他各部門及機關外的行動者，在參加者都能了解對各自的好處下，進行工作坊。接下來，要從 SDGs 的切入點來確認，解決一個課題後，究竟會產生怎樣的影響呢？

■ 座位安排

- 準備能把模造紙整張攤開的桌子（兩張長桌併起來的尺寸剛剛好）。

- 每張桌子安排能坐 5 個人左右的座位。為了讓參加者有充分發言的機會，每張桌子不要坐超過 6 個人。

- 各張桌子的成員，部門最好都不一樣。

■ 準備的物品

- 全開模造紙（788×1091mm）

- 水性簽字筆（不會透過紙面的）

- 便利貼（7.6cm×7.6cm 以上）

- SDGs 的標語（從聯合國宣傳中心網站列印貼上）

- 尺（有的話，線比較容易畫）

■ 事前準備

延續前面出現過的對策作為主題，像圖表 16 把 SDGs 的 17 項目標寫在模造紙上，貼上核心目標，把能夠達成的事，以及會犧牲掉的事寫在便利貼上，然後貼上去。

譬如，如果執行前項的災害預測地圖製作及利用的這個點子，就會對 SDGs 的 SDG11 的細項目標 11.5，「在西元 2030 年以前，大幅減少水災及各種災害的死亡人數以及受影響的人數」這個部分有所貢獻，在每戶發放災害預測地圖時，會使用大量的紙張及墨水。這樣就可能會因木材砍伐而犧牲掉生態系。

這是一個被相當單純化的範例，但我們必須從較廣泛的觀點來確認，會對正在討論的手段產生什麼樣的負面影響，也就是包含什麼樣的負面因素，然後想出能多方面兼顧的解決對策。

SDGs 的核心目標	1 消除貧窮	2 消除飢餓	3 良好健康和福祉	4 優質教育	5 性別平等	6 潔淨水資源	7 可負擔的永續能源	8 尊嚴就業與經濟發展
可達成的事								
會被犧牲的事								

討論主題：災害預測地圖的製作及利用

9 產業創新與基礎建設	10 減少不平等	11 永續城市與社區	12 負責任的消費與生產	13 氣候行動	14 水下生命	15 陸域生命	16 和平正義與有力的制度	17 夥伴關係

圖表 16 為了討論取捨的架構

　　以剛剛提到的「災害預測地圖的製作及利用」為例子,應用這個架構把「應該可以達成的事」及「可能會犧牲的事」找出來。

　　進行此工作坊的訣竅,就是把「應該可以達成的事」和「可能會犧牲的事」當成整體思考。包含想到什麼行動,則其背後可能會發生,往相同方向產生的效果(協同效應),以及往相反方向產生的效果(取捨)。

　　以圖表 17 為例,如果每一戶都發放災害預測地圖,那麼應該能預料到,會有貼在 SDG1「包括弱勢族群在內,受到災害的影響會減輕」的這個正向影響。但另一方面,應該也能預測到可能會發生,大量印刷伴隨而來的「墨水的使用造成河川的污染」(SDG 標 14)以及「電力等能源的使用」(SDG7)。同樣的,SDG13 的「自然災害導致的受害者會減少」影響的反面,應該也能預測到「石化燃料等能源的使用」的發生。

SDGs 的核心目標	1 消除貧窮	2 消除飢餓	3 良好健康和福祉	4 優質教育	5 性別平等	6 潔淨水與衛生	7 可負擔的潔淨能源	8 尊嚴就業與經濟發展
可達成的事	包括弱勢族群在內,受到災害的影響會減輕			防災知識的獲得				
會被犧牲的事							電力等能源的使用	

討論主題:災害預測地圖的製作及利用

9 產業創新與基礎建設	10 減少不平等	11 永續城市與社區	12 負責任的消費與生產	13 氣候行動	14 水下生命	15 陸域生命	16 和平正義與有力的制度	17 夥伴關係
		因災害造成的受害者減少		因自然災害造成的受害者減少			適當的公家服務的使用	
				石化燃料等能源的使用	墨水的使用造成河川污染	對生態系的影響		

圖表 17　使用便利貼讓項目特徵可視化

在工作坊中，希望能善加運用智慧型手機。Google 網頁具備「影像」搜尋功能，輸入「海洋塑膠垃圾」及「食品廢棄」等關鍵字，找出有關的照片。甚至可以在關鍵字前面加上「日本的」，像是輸入「日本的海洋塑膠垃圾」及「日本的食品廢棄」，或許能找到一些熟悉的照片。以這些照片作為參考，發揮你的想像力。

人類的腦，是由掌管邏輯思考的左腦，以及掌管情感的右腦所構成的①。以此理論為基礎，取捨等的邏輯思考是左腦擅長的事。不過一旦腦袋打結，就想不出新的點子了。因此利用照片等影像，給予右腦視覺上的刺激，誘發情感，萌生新的點子。也就是說，提供發揮想像力的「契機」就是畫面檢索的目的。

可以上聯合國開發計畫（UNDP）駐日辦公室的網站②，一一點進SDGs 核心目標的解說網頁，就能瀏覽各核心目標相關的照片了（圖表18）。可以把它當作線索喔！

圖表 18　與 SDGs 核心目標內容有關的照片

（出自：UNDP 駐日辦公室網站）

127

等各組的意見差不多有了共識後，以類似「世界咖啡廳」的方式，參加者可到處走動，聽取各組的說明來加深學習（圖表 19）。

譬如，由 5 位左右的組員組成的小組，只留下 1 位來說明小組寫在模造紙上的點子，其他組員則在會場內，對其他小組集思廣益所想出的整理表提供意見。

這個時候，大家要輪流當說明者。從其他小組得到的意見，使用其他顏色的便利貼填寫貼上，較方便於進行討論。這個相互學習的過程，能讓我們有效地獲得新的看法。

圖表 19　在各小組追加意見

　　如果有時間，可以稍微深入分析一下表格中經過腦力激盪所想出的點子。使用圖表 20 的架構來分析，就能清楚知道在「災害預測地圖的製作及利用」，什麼是「能夠達成的事」，又什麼是「會犧牲的事」。然後，討論是不是能讓「會犧牲的事」變少，最後希望能想出一個多方兼顧的解決對策。

　　譬如，每戶發放災害預測地圖等，希望多數市民能夠使用，但地圖的製作會使用大量的紙張及墨水。這樣的影響能在 SDG14 會犧牲的事寫「使用墨水造成河川污染」，以及 SDG15 用「對生態系會有影響」

SDGs的核心目標	1 消除貧窮	2 消除飢餓	3 良好健康和福祉	4 優質教育	5 性別平等	6 潔淨水與衛生	7 可負擔的潔淨能源	8 尊嚴就業與經濟發展
可達成的事	包括弱勢族群在內，受到災害的影響會減輕			防災知識的獲得				
會被犧牲的事							電力等能源的使用	

討論主題：災害預測地圖的製作及利用

9 產業創新與基礎建設	10 減少不平等	11 永續城市與社區	12 負責任的消費與生產	13 氣候行動	14 水下生命	15 陸域生命	16 和平正義與有力的制度	17 夥伴關係
		因災害造成的受害者減少		因自然災害造成的受害者減少	發放電子版	發放電子版	適當的公家服務的使用	
				石化燃料等能源的使用	墨水的使用造成河川污染 △	對生態系的影響 △		

圖表 20　進行取捨最小化的討論

來表現。那麼如果「用紙發放」是原因的話，那就想想有沒有「不用紙張發放的方法」，像是「發放電子版」。透過能用智慧型手機查看的電子版與發放紙本這兩種方式並用，就是一種減少對環境負擔的方法了（圖表 20）。試著邊摸索現狀及思考極端相反的想法，然後發揮從未有過的自由想像吧！

進一步的，與地圖的資訊分析做配合，說不定會「因為 A 地區出現高齡者比例偏高的課題，所以應優先以紙本方式來發放」的狀況，以數據為基礎而進行篩選，與政策的制定應有所關連。經過幾次慎重的篩選，對於活用 SDGs 觀點的政策形成應有幫助。

如果想要達成一方，那麼就必須犧牲另一方的狀態就是「取捨（Trade-off）」。

在有所取捨的情形下，篩選出具體的選擇項目，在考慮正向影響（優點）及負面影響（缺點）後，獲得綜合性的判斷。行政員工在每天的業務當中，應該面對過「顧此失彼」的狀況！

即使是這種狀況，應該會有很多員工覺得「就算有點勉強，找到所有人都認同的結果才是真本事」。這種性格在處理要作出取捨的SDGs 時，對於找出能兼顧多方的解決對策也是可以派上用場的。行政機關的員工作應該很適合作為活用 SDGs 的行動者。

圖表 21　找到能取得平衡的點

註

1. 前野（2014）提出「一般的說法，邏輯、數學、意識、理性的資訊處理是由左腦負責。另一方面，包括創造、影像、直覺、感性等關鍵字的思考及觀點，大多由右腦來負責。（中略）這頂多是將人類認知單純化的例子，事實上，腦示無法明確區分所負責的工作的，但為了方便聯想，請試著用此說法來思考系統思考及設計吧」的看法。而本書沿用其說明。

2. 聯合國開發計畫（UNDP）駐日辦公室「永續發展目標」
   http://www.jp.undp.org/content/tokyo/ja/home/sustainable-development-goals.html

3. 內閣府 男女共同參画局「平成 24 年版男女共同參画白書」
   http://www.gender.go.jp/about_danjo/whitepaper/h24/zentai/html/zuhyo/zuhyo01-00-18.html
   （最終更新日：2020 年 2 月 10 日）

參考文獻

1. 前野隆司等（2014）『系統 X 創意思考來改變世界』pp.20-25，日經 BP 社

2. 「川崎市永續發展目標（SDGs）推動方針」川崎市網站
   http://www.city.kawasaki.jp/170/page/0000101171.html
   （最終更新日：2019 年 11 月 4 日）

3. 細谷功（2016）『後設思考訓練，讓想像力飛越的 34 個問題』pp.4-6，PHP 商業新書
   4.GRI、聯合國全球盟約、WBCSD（2018）「SDGs Compass」
   https://sdgcompass.org/wp-content/uploads/2016/04/SDG_Compass_Japanese.pdf

5. 堀公俊（2014）『視覺創意想像架構』pp.46-47、日本經濟新聞出版社

STEP 4

以方案邏輯模式來評估、
共有解決對策

從 STEP 1 到 STEP 3，讓我們從了解 SDGs、分析課題、設定目標，到探討達成目標的方法。而在 STEP 4，我們要對此流程的結構做出評估，並且向其他利害關係者積極報告且分享自己的成果，這些對問題解決是非常重要的。

善加運用指標，測量進度

■ 測量進度才是 SDGs 的關鍵

如序章提過的，SDGs 不具有法律約束力，達成 17 項核心目標（SDGs Goals）的方式就不容易決定。如蟹江憲史教授所說「用『指標』來測量進度是 SDGs 唯一的機制」，活用「指標」進行「測量」，這不但能讓地方自治團體的政策及施行措施的管理，以及對達成 SDGs 有多少貢獻可視化，而且是絕對不能忽略的過程。

為此，在 STEP3 也曾提過，首先需要的是「從外往內」的思考方式，然後就自己的地方自治團體相關的地區脈絡，將各「指標」做一轉換。全球共同目標的 SDGs，是以聯合國 193 個成員為執行的主體。因此，232 指標是以開發中國家為對象設定，因此其中可能包含了不適用於日本地方自治團體規模的內容。譬如，指標 17.12.1「對於開發中國家、未開發國家以及開發中小島嶼的關稅平均」以及指標 2.5.2「被分類成處於滅絕危機，沒有滅絕危機或者是未知等程度的在來種比例」等。

■ 活用地方自治團體等級，以及促使相互競爭的「地方指標」

為了讓以全球觀點制定的 SDGs 指標，能夠活用於國內的地方自治團體，日本政府也持續在進行檢討。內閣府地方創生推動事務局在 2018 年 1 月，於府內設置了「地方自治團體 SDGs 推動評估・調查檢

討會」，組成「地方自治團體 SDGs 推動地方指標檢討工作小組」進行「地方創生 SDGs 地方指標」的策畫執行。籌畫由各部會及工作小組聯手篩選國內部會或地方自治團體可取得的資料數據，而其資料來源也會出示。

概觀地方創生 SDGs 地方指標，是以國內地方自治團體可取得的數據為基礎來策畫，因此可說是具備了日本「地方自治團體共通指標」的特色。各地方自治團體都採用此指標的話，相信能夠促進地方自治團體之間，在 SDGs 上相互競爭的意願！

內閣府目前並未發表地方指標的數據，但是在 2019 年 10 月慶應義塾大學 SFC 研究所 × SDG 實驗室出版的《SDGs 白皮書 2019》中，有揭露了經過調查的大部分地方指標的數據，希望各位可以參考。

此外，在「地方自治團體 SDGs 推動地方指標檢討工作小組」擔任委員的法政大學的川久保俊准教授，在「地方 SDGs 平台」網站上公開發表有關地方自治團體的案例及數據，建議也可作為參考。

■ 反映地區性的「替代地方指標」提案

對於要把全球觀點落實到地方自治團體的思考而言，地方指標應該是相當有用的。但另一方面，想要以此徹底了解各地方自治團體的地區特性卻相當困難。因此，要實際運用以改善各地方自治團體的固有政策並不容易。那麼，為了讓地方指標無法充分涵括的地區特性能被反映出來，作為地方指標的補充，各地方自治團體可制定詳細的「輔助地方指標」（sub-local indicator），這應該會是一種有效的方法。

但要注意的是，不能將「設定指標」當作是目的。地方自治團體高喊政策評估的必要性已經很久了，但用於政策評估的指標，本來就是為了活用於改善某項策略的數據。因此，想要達成目標就必須按部就班，先讓具體的策略體系能夠可視化，接著再討論出一個能有效執行

的指標的順序來思考。

　　而且，不能只滿足於測出指標達成度，包含期待水準及指標達成度的差距等資訊都必須取得，然後再以這些資訊為基礎，改善策略。不能把指標單純當作是進度管理的方法，同時也不要忘記，要時時秉持「什麼是指標值產生變化的主因」這樣的想法思考。

　　「政策評估」這個用法，雖然廣泛使用於地方自治團體，但「評估」的意思具有「說明責任」及「改善政策、措施」兩個目的，因此不能只想如何呈現成果上做工夫。如果連結到地方自治團體主要的職責：解決地區課題，以及改善過去施行措施，就必須讓「正確掌握課題」，以及「投入資源獲得成果」的邏輯關係更加明確。

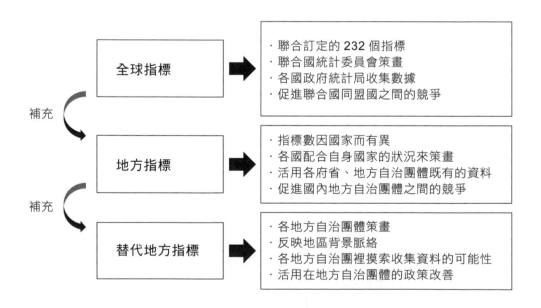

圖表 1　性質去對應 SDGs 指標，分成三個層次

■ 讓政策構造可視化的「方案邏輯模式」

接下來介紹的「方案邏輯模式」，可以幫助我們了解到，對於正在進行的政策，會得到什麼樣成果的方法。這是建構在目標達成之前，我們應該採取什麼樣的策略，以及要隨著什麼樣的邏輯路線的前提來思考。

本書以防災措施作為主題例，介紹了幾個工作坊。其實結合數個研習活動，也能夠組合成一個方案邏輯模式。

首先，在 STEP 3 說明過，以由外往內的方法，來設定能帶來成果的目標。然後，像在 STEP 2 的「能掌握課題間關係的工作坊」說明的，分析位於課題背後的問題，從數量很多的問題群中，找出解決了就會有很大影響的槓桿點，再使用 STEP 3 介紹的曼陀羅思考表格，結合多數利益相關者找到解決對策。

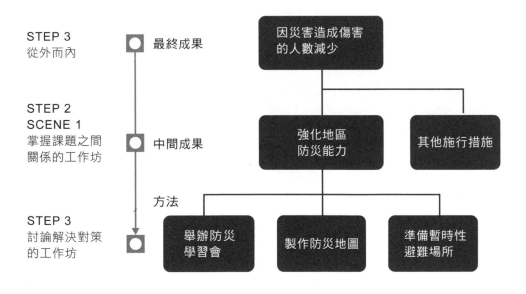

圖表 2　防災措施的方案邏輯模式之例

整理一下程序，可以描繪出圖表 2 的方案邏輯模式。要達成目標，要這樣結合執行行政措施的夥伴，讓邏輯構造能夠可視化，並且檢討其妥適性等才會有效。

　　在行政組織中，我們通常會認為，一旦決定了，那麼到執行期間結束前，都必須按照計畫來執行才是對的。但是，不要預想一開始就能建構出一個完美的方案邏輯模式，而是要謹記，要能夠反映當時的狀況，有彈性地去做改善的這個觀點來進行。

　　評估研究的創始者明治大學管理研究科的源由理子教授表示，「進行政策改善最重要的關鍵，就是在現場與課題息息相關的人們。」每一位員工及組織所產生的直覺，應該都是過去的經驗累積而成的。不只是數據，也必須要直覺地產生共識。為了達成目標除了要推動行政措施外，也必須策略性的選擇重要的行動者，然後聽取現場的各種聲音，這將有助於政策的改善。

　　如前面所說，日本是由內閣府來策畫「地方創生 SDGs 地方指標」等，而在地方自治團體則以活用 SDGs 為焦點。話雖如此，實際上斟酌地區背景來進行評估的案例還不太多。下面要介紹的是，為了訂出輔助地方指標，透過以居民參加的評估方案，挑戰 SDGs 在地化的石川縣珠洲市的做法「能登 SDGs 評估方案」。順帶一提，同市在 2018 年度被內閣府選定為 SDGs 未來都市。

以參加型評價來進行 SDGs 的
本土化─能登 SDGs 估價方案

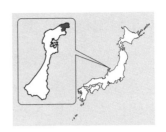

珠洲市（石川縣）

■ 投入地區課題的產官學金的合作據點「能登 SDGs 實驗室」

位於能登半島頂端的珠洲市，高齡化比例達 47％，而且人口減少的問題相當嚴重。尤其是在年齡別的人口統計表上，20 歲的年輕人口位於谷底，從日常生活到地區性祭典等傳統文化的保存等，甚至許多活動場合，都缺少年輕人的幫忙。

要應對此情形的方法之一，就是將珠洲市與金澤大學從 2007 年開始，經營的人材育成事業「能登里山里海高手育成計畫」予以擴充，討論應如何吸引年輕人留下來。這個計畫是以培育出願意承擔世界農業遺產的能登里山、里海與地區居民共生的年輕一輩的班人為目標。學生在畢業研究也會參與活用里山、里海資源的商品開發。

珠洲市認為此研究應該與產業做結合，所以在 2018 年 10 月設立「能登 SDGs 實驗室」，然後由實驗室擔負推動 SDGs 主軸的產官學金（產官學＋金融機構）平台的功能，賦予地區及經濟根據點的角色。透過實驗室的相關人士及居民的合作，完成「5 年後（2024 年）理想的珠洲樣貌」的討論，也就是「能登 SDGs 評估方案」。

■ 活用方案邏輯模式，與地區居民進行研習活動

這方案從 2019 年 2 月至 3 月舉辦了 2 次「能登 SDGs 實驗室評估工作坊」。能登里山里海高手育成計畫的結業生，以及珠洲市員工、公立中學校員工及學生等，從 10 幾歲到 60 幾歲居住在珠洲市的居民都有。

工作坊中透過方案邏輯模式討論珠洲市的永續發展策略。

首先對珠洲市來說，「人口減少」這個重要問題（＝槓桿點）與「成為地區接班人的年輕人不足」課題有關，透過方案希望讓社會產生變化（＝最終成果），設定在「成為會吸引年輕人的地區」。為達成目標進行作戰的目的（＝中間成果），設定「創造一個讓 20 歲年輕人能發揮新點子，做有趣事情的環境」。

接著，討論要以什麼樣的指標來判斷此策略的完成度。最後除了「金融機構對於年輕人的創業的融資件數」及「20 歲人口增加率」外，也有人提出「在北國新聞（當地媒體）的刊登次數」及「口耳相傳的次數」的意見。

從工作坊聽到參加者的想法，有「從 2030 年回推，看到理想及現實的差距會感到不安及焦慮，透過收集參加者『希望能這樣做』的積極創意，讓人產生想要跨越差距向前看」，其他也有「穩定地累積成果，讓能登 SDGs 實驗室成為一個可以在地區開始發展新創意與有趣事情的場所」等意見，另一方面也有「以客觀的指標來衡量地區的變化是很困難的」的看法。

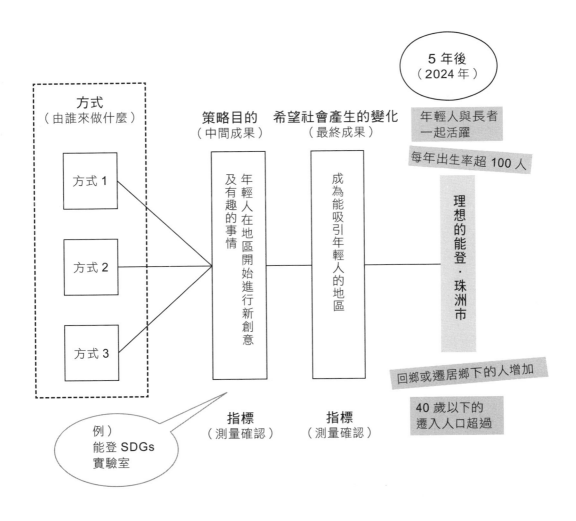

圖表 4　透過工作坊製作出的方案邏輯模式

■ 參加型評估擁有的可能性及課題

　　「能登評估方案」採取的方式稱為「參加型評估」。這是透過利害關係者參與評估過程，讓他們以當事人的立場採取某些行動（這次是指能登 SDGs 評估方案），並且能夠期待會產生意識變化及行動轉變的一種評估手法（源 2008）。讓參加者了解並與他們分享，與多方利益相關者合作是 SDGs 的重要要素，同時體諒到外部者不易了解的地區背景，協助他們容易找到制定指標的靈感，這就是參加型評估的價值。

　　另一方面，就像剛剛的感想，參加者不容易保持客觀立場也是要解決的課題之一。就此意義來看，行政機關以所擁有的數據為基礎而進行的討論，應該能成為促使建構出更客觀且實際的策略之手段吧！

　　既使是在聯合國舉辦的會議中，進行有關 SDGs 的檢討時，也應該要提出，必須充分運用依照性別及障礙區隔等細項所得到的數據（Disaggregated Data）之建議。地方自治團體在活用 SDGs 時，也必須盡可能地去運用行政機關資訊，吸引更多利益相關者的參與，以廣泛的觀點來進行討論。

■ 在地化的重要性

　　SDGs 集合了世界各式各樣的課題，設定了 17 項核心目標。就如前面所述，其核心目標及細項目標，並非全部都是能立即對應到日本的狀況。但共通的部分，就是包含自己所居住的地區在內，世界上所有地區未來要達到永續發展。為此，就需要跟利益相關者一起想出能夠實現，以及朝向未來願景的策略。

　　以珠洲市的案例來看，雖然是脫離 SDGs 全球框架，設定地區獨特的指標，但本質上，所追求的還是跟 SDGs 一樣，都是「永續發展」。

SDGs 在具體行動上並沒有特別限制，所以應該會有許多不受到既成概念牽制的新案例出現，本評估方案也是其中的一部分。

　　相對於 SDGs 的全球指標以及由政府制訂的「地方指標」，地方自治團體很容易把焦點放在取得指標數據上，然後負起說明各數據的責任，而這會使得地方自治團體處在被動的狀態。但要是地方自治團體在策畫「替代地方指標」時，如圖表 1 所示，希望能夠找到改善政策的可能性。不光是能登，只要能分享策畫替代地方指標的其他案例，應該都能提供給更多的地方自治團體參考。

SDGS 小講堂　無法獲得數據的指標？

2015 年 9 月舉辦的聯合國發展高峰會，在其成果報告書中發表了 SDGs 的核心目標及 169 項細項目標。但有關測量 SDGs 進展的指標，由設置於聯合國統計委員會下的「與 SDGs 指標相關機關之間的專家小組（IAEG-SDGs）」研究之後，記載於報告書。

歷經上述過程後，2017 年 7 月在聯合國總部，同意由 232 個全球指標構成的指標綱要。令人驚訝的是，能夠測量 SDGs 進展的指標，是在 SDGs 採行的 2 年後才設定的。指標的數據，由各國政府設置的統計局來收集整理，日本則是由總務省統計局來負責。

	分類基準	指標數
Tier 1	指標的概念明確，且設定方法及基準，定期公開數據的指標。	116
Tier2	指標的概念明確，且設定方法及基準，沒有定期公開數據的指標。	92
Tier3	方法及基準設定中，或是尚未設定的指標。	20

圖表 5 SDGs 指標的階級、分類標準及數量

（出自：以聯合國統計局網站①資料作為參考，筆者編寫）

這些指標分成 Tier1 到 Tier3 三個階級。Tier1 是「指標的概念明確，且設定方法及基準，定期公開數據的指標」；Tier2 則是「指標的概念明確，且設定方法及基準，沒有定期公開數據的指標」；然後 Tier3 是「方法及基準設定中，或是尚未設定的指標」。換言之，目前不是所有指標都是可以測定的。

在 2019 年 12 月 11 日這天，分類在 Tier1 的指標有 116 個，分類在 Tier2 的指標有 92 個，而 Tier3 的指標有 20 個。而在 SDGs 的指標中，譬如，像指標 4.7.1「性別平等和人權包含（i）地球市民教育、以及（ii）為永續發展的教育，與（a）各國教育政策、（b）課程、（c）教師的教育，以及（d）兒童、學生、學生達成度的評價有關，而且在所有教育階段都要有平均標準的程度」，有些是需要複數數據的。因此，一邊是 Tier1，另一邊則是 Tier2 這樣區分在複數階段的指標有 4 個。

有關收集、分析全球指標的數據方法，聯合國機構也正在檢討其實用性。

透過報告及分享，與多利益相關者一起進行

■ 跨越主管之牆的合作夥伴關係是達成 SDGs 的關鍵

　　STEP 4 最後想要傳達的內容，也就是 SDGs 的核心目標 13，與廣泛的利害相關者一起達成 SDGs 的重要性。

　　「地方自治團體要與居民共同策劃施行的措施，然後共同合作去執行」的說法聽起來很順耳，但實際上，一旦有居民的參與，意見想法較多的市民可能會有很多抱怨。相互合作後反而會帶來必須要面對的新課題，這會讓地方自治團體的員工感到不安。另外，如果有需要溝通的場合，公務員應該也會擔心，太多人自顧自地表達意見，最後討論不出結果。

　　但就如本書傳達的，為了達成 SDGs，必須集結包括機關內各部門、企業、NPO，以及居民在內的地區居住者等，所有利益相關者的看法。年齡、職業、性別不同的利益相關者，從各自的觀點來思考課題，讓課題的本質更為清晰，想出前所未有解決對策的可能性也比較高（圖表 6）。

　　由於無關乎年齡、身心障礙、職業或性別的差異，每個人理解範圍有限。所以任何人的看法都有其價值，從更多角度來看待事物，想出解決對策，才是 SDGs「沒有人會被拋下」的概念。

　　但多方利益相關者的參與，還是要從了解共同目標 SDGs 的存在，以及地方自治團體正在進行的措施及事業開始。為了不讓 SDGs 成為短暫的熱潮，不是只有地方自治團體來討論，而是要跟包括居民及企業等多方利益相關者一起，深入探討 SDGs 才是最重要的。為此，地方自治團體要向居民報告、分享有關 SDGs 的進展，這應該是最重要的一步。

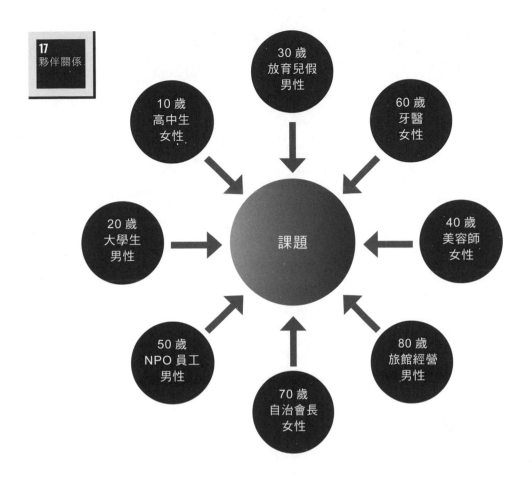

圖表 6　為活用 SDGs，多方利益相關者從各角度發現課題是很重要的（例）。

■ 大津市運用定期宣傳物來傳遞

　　首先，地方自治團體要跟居民進行溝通時，最容易的做法就是運用定期發行的宣傳單等媒體。受限於紙張的版面，分享詳細內容或許有些困難，但作為提醒居民使用刊載成果的報告書及網頁等，是非常有效的。

圖表 7　居民熟悉的宣傳單是有效的媒體 （出自：OOTSU 2018 年 3 月 1 日號）

　　大津市的宣傳雜誌內容，將市所進行與 SDGs 有關的內容，簡明扼要的做了整理，將提升市民福祉、推動地區建設等成果跟市民分享（圖表 7 左）。又或者介紹，從 SDGs 觀點是如何進行的，以及主要的代表事業等等。譬如，客人可以把在餐廳點了沒吃完的食物帶走，然後在自己家裡享用的「打包袋運動」，是以減少食品浪費為目的，而且也表現出對 SDG 12「負責任的消費與生產」的達成是有所貢獻的。

　　踏踏實實地不斷與居民溝通，讓他們更了解 SDGs 的話，應該能提升全市推動的成效。

圖表 8　發行的 3 份地方自治團體的報告（日本語版）封面（出自：IGES 網站）

■ 為製作有意義的報告書的國際準則

　　地方自治團體詳細的推動成果，如果能製作成報告書跟包括居民在內的利害相關者分享，相信是有用的。地方自治團體在拿到預算前，會在計畫階段全力投入，但這並不能代表，推動的成果報告就會完美無缺。關於 SDGs，如果費心地用各種方式來推動，卻又不跟居民分享成果及課題的話，居民就不會了解其價值，更進一步地，甚至可能會剝奪居民將課題當作是自己事的機會。

　　率先將努力推行 SDGs 做成報告書傳達給市民的，有北海道下川町、富山縣富山市、福岡縣北九州市。這三個地方自治團將達成 SDGs 的做法及成果進行整理，以英日兩種語言發行「永續發展目標（SDGs）報告」（圖表 8）。

　　報告是與公益財團法人地球環境戰略研究機關（IGES）共同合作完成的，依照聯合國的「2018 年版國家自願檢視報告（VNR）製作準

則（Handbook for the Preparation of Voluntary National Reviews: the 2018 Edition）」構成來製作的。此準則是由聯合國經濟社會局（UN DESA）公開發表，在永續發展高階政治論壇（p.173 後述）上聯合國會員國自願發表（Voluntary National Review:VNR）SDGs 成果所發行的報告書，作為各國在撰寫的規範。準則中，刊載了國家自願檢視報告書在製作時，應該記載的項目及製作訣竅。此國際準則應該也能做為參考吧！

■ 北九州市製作報告用小冊子

被選定為 2018 年的 SDGs 未來都市，以及地方自治團體模範事業的北九州市，是經濟合作暨發展組織（OECD），在亞洲唯一選定為「推動 SDGs 的世界模範都市」的都市等，作為積極進行永續開發都市的地方自治團體，獲得了世界相當高的評價。

圖表 9　簡明扼要地整理出重點的小冊子 （出自：北九州市網站）

北九州地區是日本四大工業地區之一，主要是以重化工業為中心，1960 年代公害問題相當地嚴重，以女性團體發起的活動為契機，市民、企業、行政機關共同合作來克服公害所帶來的問題。而活動當中，解決環境問題的相關作法受到注目，作為環境未來都市，過去就有推動永續發展都市的背景，而且在 SDGs 方面，也根據過去的經驗積極地推動。

北九州市整理成果，在 2018 年 10 月發行名為《北九州市 SDGs 未來都市》，這是只有 10 頁就能簡單快速了解內容的小冊子（圖表 9）。2019 年 7 月，北九州市把推動 SDGs 努力，從對世界有何貢獻的觀點，彙整出版了名為《透過 SDGs 從北九州市邁向世界 2018》的 28 頁小冊子。

地方自治團體要彙整相關努力製作成成果宣導品是耗費時間的，但為了讓 SDGs 能深入全市，這當然是最有效的，同時也能成為員工再次審視自己作法的契機。

■ 下川町與地區居民一起製作地圖

若居民也一起加入製作報告、分享資料，效果會更好喔！下川町（北海道）把町內設施及自然資源等，與 17 項 SDGs 核心目標的關聯性，透過連結地圖資訊的方式，讓它可視化，特別製作了「下川町的 SDGs 地圖」，在町內發放（圖表 10）。

事實上，製作這份地圖與兩位大學生有很深的關係。在 2018 年，慶應義塾大學的學生和田惠，以及清水瞳，與政府機關的員工及町民一起製作的。

地圖的製作是與町公所負責 SDGs 的政策推動課員工共同合作，將町內的主要設施與 SDGs 的關聯，從原型開始，以圖示方式進行製作。

圖表 10　SHIMOKAWA 的 SDGs 地圖（正面）（提供：清水瞳小姐）

然後，從原型暫時將 SDGs 的要素抽離，當作地圖的底圖，由町民委員及町公所員工組成的 SDGs 未來都市部會（町民委員 10 名、町公所員工 10 名）的成員，町長、副町長、町公所的年輕員工一起，對標示在地圖基底上的設施，舉 這些設施與哪些核心目標有關的工作坊。過程中，也會將未寫進基底地圖的設施填補上去。

　　由每 4 至 7 人所組成的小組，分別完成 1 份地圖，最後有 6 張地圖完成，然後再把這些地圖做整合。

　　過程中，按照參加者表示「這個設施跟這個核心目標有關」的意見多寡，以 SDGs 標誌的大小來呈現。而有關 SDGs 各核心目標的說明，製作地圖的背景，以及無法記載在地圖上，與合作夥伴有關的要素等等，整理在地圖背面（圖表 11）。

圖表 11 SHIMOKAWA 的 SDGs 地圖（背面）（提供：清水瞳小姐）

「下川町的 SDGs 地圖」的製作，讓我們看出發生在下川町的日常生活與全球目標 SDGs 的關係，同時也提供町民熟悉 SDGs 的機會。公所員工及町民，再加上外來者的年輕人觀點，帶來出色的加乘效果，是一個非常成功的案例。

和田小姐回想起製作當時，表示「就像鏟雪車，對町民來說它的存在是理所當然的，但是要町民想像鏟雪車對達成 SDGs 也有貢獻，似乎有些困難。但是在這個時候，身為外來者的我們卻可以感受到，而能從對內部者的町民來說理所當然的事情提引出其價值。」

另外，2019 年 6 月開始，在下川町的 SDGs 推動室擔任半年實習生的清水小姐，開心的說「在町內發放下川町的 SDGs 地圖的時候，聽到有小朋友把地圖貼在冰箱上。希望以後町民也會把這份下川町的 SDGs 地圖做一升級」。

SDGs 及綜合計畫—鎌倉市的市民對話型研習活動

鎌倉市（神奈川縣）

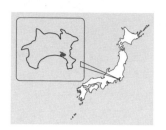

如果想讓 SDGs 深入地區，且把 SDGs 當作是某個「工具」，好好活用的話，那麼創造一個行政與地區居民對話的機會就是必要的過程了。獲選為 2018 年度的 SDGs 未來都市，以及地方自治團體模範事業的鎌倉市，希望能讓 SDGs 反映在市綜合計劃上而持續地在努力。藉由使用 SDGs 這個世界共通的標準，客觀分析鎌倉市在世界所居的位置。

為此，2018 年 12 月至 2019 年 2 月，以「『一起思考、一起努力』2030 年的鎌倉」為題，舉辦 4 次工作坊形式的市民對話。在以基本構想為頂點，加上基本計畫、實施計畫構成三個層次的綜合計劃中，在 2020 年至 2025 年計劃施行期間，籌畫並辦理「第 3 次鎌倉市綜合計畫第 4 期計畫」。

市民對話有從 10 幾歲到 80 歲的市民參加，涵蓋範圍十分廣泛，加入 SDGs 帶來的全球觀點，由參加者描繪出在 SDGs 達成期限的 2030 年前，希望鎌倉市變成什麼樣的城市，然後再以「回溯法」，討論現在應該做的事情有哪些？

負責此工作坊的鎌倉市共創計畫課員工，也從工作坊的準備開始，一直到活動當日都全力投入，讓人印象深刻。不是只有地方自治團體

員工思考工作坊的內容及進行方式，就如「術業有專攻」這句話一樣，與各領域的企業等組成合作夥伴關係來一同進行，從 SDGs 角度來看，這一點是非常重要的。換言之，「為達成目的，各自做擅長的事，一同前進」。但不是所有事情都丟給委託方，作為當事人，鎌倉市也需要表現出願意付出的態度。這與 2000 年初，受到注目的「居民合作」的想法接近。

　　第一次的工作坊中，進行的是「收集地區魅力」的活動；第二次則是描繪「2030 年的鎌倉市未來像」；第三次是針對「2030 年的鎌倉市未來像」這個主題，和參加者一起尋找有哪些事情是想做的，像這樣為了共創而提出「問題」的活動（圖表 12）。

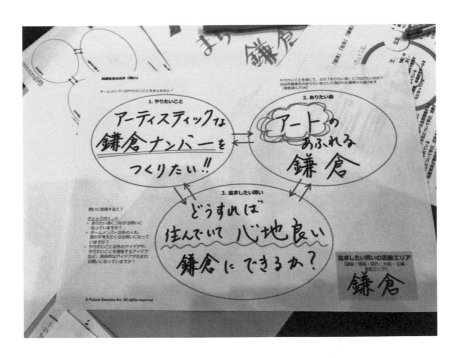

圖表 12　實際使用的工作表

圖表 13　聚集了範圍廣泛的利益相關者的研習活動參加者（提供：鎌倉市）

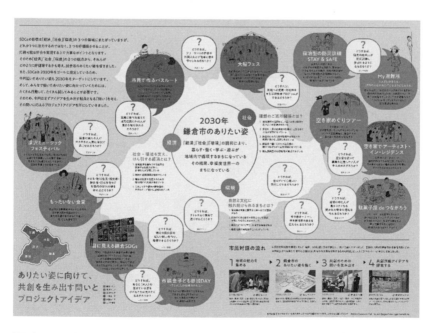

圖表 14　市民對話的結果整理、發行的小報 （出自：鎌倉市網站）

不論是哪一次的工作坊，從 10 幾歲學生到已屆齡退休的居民，聚集了範圍廣泛的利益相關者，不斷地進行對話（圖表 13）。最後一次的活動內容是以「探索共創點子」為主題，然後針對第三次所設定的問題來訂定計畫。

連續進行了四次與市民對話的工作坊，提供地區居民與行政共同對話的機會，讓課題可視化，並設法找出解決對策。

鎌倉市將此方式稱為「共創」，希望能獲得理解，且努力去實踐。想到市民對話，都會讓人聯想到行政機關員工對居民的抱怨提出說明，甚至還可能會有謝罪的情形發生。但其實市民對話也包括了，不是為了應付來聽取意見，而是提供共創的場合，讓行政機關與居民共同朝著「建設地區」前進，慢慢地卻很確實的讓「共創」這個概念在地區擴散。

關於在將 SDGs 的理念反映在綜合計劃的過程中，來進行市民對話的這件事，鎌倉市共創計畫部長的比留間彬先生說，「VUCA 時代的行政經營，需要與各個不同的利益相關者合作、共創的。SDGs 推動這個超越地區、世代的價值觀，會強而有力的在背後默默促成的。」

從與居民共創的觀點，今後對想將 SDGs 納入綜合計畫及各種措施的地方自治團體來說，是相當重要的啟發。鎌倉市將過程整理在小報上，發放給市民，讓 SDGs 及綜合計畫在市民間擴散（圖表 14）。

1. 聯合國統計局網站
   https://unstats.un.org/SDGs/iaeg-SDGs/tier-classification/

2. 「替代地方指標」的說法是筆者自創的。

參考文獻

1. 慶應義塾大學 SFC 研究所 X SDG・實驗室（2019）「卷頭言」『SDGs 白皮書 2019』pp.3 impress R&D

2. 蟹江憲史・高木超（2019）「xSDG: SDGS 相乘後的課題解決與學術上的任務」『環境經濟・政策研究』第 12 卷 2 號、pp.9-18

3. 川久保俊・村上周三・中條章子（2018）「日本全國地方自治團體有關永續發展目標（SDGs）的進度之實際狀態掌握」『日本建築學會技術報告集』第 24 卷第 58 號，pp.125-128

4. 高木超（2019）「居民為達成目標之策略設計，促進 SDGs 本土化之參加型評價」『國際開發雜誌』2019 年 5 月號、pp.56-57

5. 源由理子（2008）「參加型評價的理論及實踐」『給學習評價論的人』pp.95-112、世界思想社

6. 總務省網站「永續發展目標（SDGs）」
   http://www.soumu.go.jp/toukei_toukatsu/index/kokusai/02toukatsu01_04000212.html
   （最後存取日：2019 年 11 月 8 日）

7. 聯合國宣傳中心網站「永續發展目標報告 2016」
   https://www.unic.or.jp/activities/economic_social_development/sustainable_development/2030agenda/SDGs_   report/SDGs_report_2016/
   （最後存取日：2019 年 11 月 8 日）

8. United Nations「Tier Classification for Global SDG Indicators」
   https://unstats.un.org/SDGs/files/Tier-Classification-of-SDG-Indicators-11-December-2019-web.pdf
   （最後存取日：2020 年 1 月 16 日）

9. 大津市「宣傳 OOTSU（2018 年 3 月 1 日號）」
   http://sv_pc.ecocat-cloud.com/lib.ecolab/export/2f8c3b61_5aa36272/book.html?bid=855&startpage=1&url=http://sv_pc.ecocat-cloud.com/&key=05d4c96ca01e86cef9fbd9fbab54bc56&callback=afterComp
   （最後存取日：2020 年 1 月 16 日）

10. 公益財團法人地球環境戰略研究機關（IGES）
    https://iges.or.jp/en/pub/shimokawa-SDGs-report-2018/ja
    （最後存取日：2020 年 1 月 16 日）

11. 北九州市「北九州市 SDGs 未來都市」
    https://www.city.kitakyushu.lg.jp/files/000817411.pdf
    （最後存取日：2020 年 1 月 16 日）

12. 鎌倉市「一起思考，一起創造 2030 年的鎌倉」
    https://www.city.kamakura.kanagawa.jp/seisaku-souzou/documents/SDGs20190326_2_mihon.pdf
    （最後存取日：2020 年 1 月 16 日）

終 章

更進一步實踐
SDGs X 地方自治團體

活用地區的資源積蓄

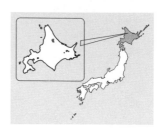

下川町（北海道）

■ 為了避免「過程中可能遇到的狀況」

從旭川機場往北 100 公里，位於車程大約 2 小時左右的地方，約 3,300 位居民生活於此的北海道上川郡下川町。跟東京 23 區的面積差不多同樣大的下川町，其中近九成是森林，嚴冬時期的氣溫最低只有零下 30 度。跳台滑雪比賽十分盛行，是像「傳奇人物」葛西紀明這類選手輩出的城鎮。

下川町在國內 SDGs 的發展脈絡中，是在近幾年最受注目的地方自治團體。2017 年末，日本政府主辦的第一次「日本 SDGs Award」中，獲得最高獎項的 SDGs 推動總部長（內閣總理大臣）獎，引起世人的關注，來自全日本的考察團體絡繹不絕。

原本，下川町在高度經濟成長期是以作為木材產地有名的，金與銅等礦產的生產，在全國也是首屈一指的。六〇年代人口超過 15,000 人，但隨著林業及礦業的衰退，在八〇年代人口減少到只剩下 3 分之 1。下川町政策推動課 SDGs 推動策略室的蓑島豪室長（圖表 2）表示，「因人口大幅度減少導致地區活力下降的經歷，就是讓下川町開始思考永續發展的可能性，以及產生危機感的理由」。

2017 年，北海道的高齡化比例是 30.7％，在全國數字算是較高的地區，根據內閣府的估算，2045 年全國的高齡化比例可能會達到

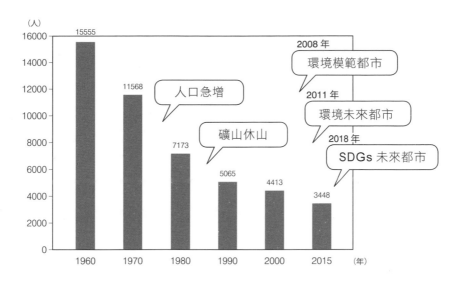

（人）

15555					
11568					
		7173			
			5065		
				4413	
					3448

人口急增

礦山休山

2008 年
環境模範都市

2011 年
環境未來都市

2018 年
SDGs 未來都市

1960　1970　1980　1990　2000　2015　（年）

圖表 1　下川町人口動態（出自：參考下川町資料，筆者製作）

圖表 2

下川町政策推動課 SDGs 推動
策略室的蓑島豪室長

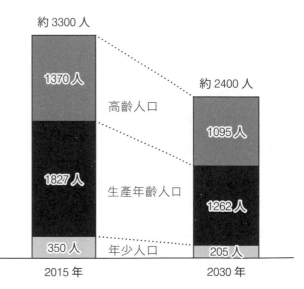

約 3300 人

1370人

1827人

350人

約 2400 人

1095人

1262人

205人

高齡人口

生產年齡人口

年少人口

2015 年　　　2030 年

圖表 3　下川町人口構成

（出自：參考下川町資料，筆者製作）

42.8％。其中下川町的高齡化比例更高，目前町的人口比例，約有40％是65歲以上的高齡者（圖表3）。

連要估算高齡化比例都有些困難，譬如在SDGs達成期限的2030年，人口2,400人，高齡化比例會達到43％，模擬空房的狀況，可能會從現在的81戶增加到582戶。因為能夠接手的人力不足，到了2019年6月，町內的超市只剩下1間。可以想像得到，今後對買東西及移動，剷雪等日常生活作息感到不便的人會增加。甚至到目前為止，主要是由高齡者負責的居民自治機能也會下降，而少子化問題導致孩童的教育環境逐漸縮小。

像這樣，如果只是任由事情發展，2030年的下川町是不可能永續發展的。那麼在此狀況下，下川町是帶著什麼樣的想法，開始活用SDGs的呢？

■ 認定採用 SDGs 的優點

首先，下川町舉出4個「將SDGs放入地區再造的優點」，作為今後地區再造的工具活用（圖表4）。有發現嗎？每一項都跟本書介紹的想法及關鍵有很深的關聯。

1 透過從17個目標來重新審視地區，可能發現或注意到新課題。

2 從未來（期待的樣態）看現在，思考能夠實現的方法，就會有優質的地區再造。

3 跟各種不同的人合作，創造新的地區再造架構。

4 以SDGs的框架，將本町的魅力及將來性傳遞到國內外，提升品牌力，吸引遷入者及人口的交流，以及企業、投資者的進駐。

圖表4 下川町採用 SDGs 的優點 （出自：筆者參考下川町資料製作）

「① 透過從 17 個目標來重新審視地區，可能發現或注意到新課題」是在 STEP 3 介紹的「從外往內」的想法。

「② 從未來（期待的樣態）看現在，思考能夠實現的方法，就會有優質的地區再造」則是在 STEP 2-SCENE2 介紹的實踐「回溯法」的決心！

「③ 跟各種不同的人合作，創造新的地區再造架構」是在 STEP 4 介紹過的「多方利益相關者的合作夥伴關係」。

最後的，「④ 以 SDGs 的框架，將本町的魅力及將來性傳遞到國內外，提升品牌力，吸引遷入者及人口的交流，以及企業、投資者的進駐」與終章最後介紹的「向國內外傳遞」有很深的關係。

在認定了這些優點後，下川町採取了什麼樣的行動呢？

■ 在「SDGs 未來都市部會」上，地區居民主導的藍圖策畫

首先要進行的是 2030 年的地區藍圖策畫。在地區的綜合計劃審議會設置了身負重責大任的「SDGs 未來都市部會」。由具備各種不同背景，包括 NPO 法人代表及主婦、教員等的町民委員 11 名，以及町公所的中間層員工 11 名所組成，從 2017 年 9 月起，至 2018 年 4 月的這段時間，總共舉辦了 13 次的會議。

會議基本上是在夜間進行的，如果委員當中沒有「育兒中的母親」，那麼委員們應該積極的聽取地區內「育兒中的母親」的意見等，盡可能從不同角度描繪出 2030 年希望達到的願景。

而「SDGs 未來都市部會」在討論過程中，擔任主持會議的枝廣淳子小姐協助，嘗試將環繞地區的各要素可視化。將地區人口動態、財政狀況及品牌價值等各種要素相互發生的複雜關係，以地區的「因果循環圖」來呈現。

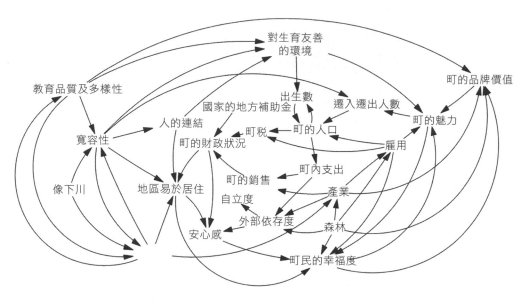

圖表5　在2030年願景的探討過程中，製作的因果循環圖（出自：下川町資料轉載）

　　譬如，「像下川的樣子」以「挑戰」的特徵來表示，挑戰會延伸出「產業」興起、「雇用」產生，進而使得「町民的幸福度」及「町的魅力」提升，然後「遷入者」增加（圖表5）。

　　以因果循環圖來說，代表進、出的箭頭越多的要素，很有可能就是槓桿點。俯瞰同時，也了解這個結構圖，或許能夠訂定一個充滿創意的方案（下川町的SDGs報告2018）。實際上，譬如像是「一個對生產及養育小孩的友善環境」這樣的槓桿點，策畫出「建立能提供安心育兒支援系統之事業」，建構出一個「全體町民共同解決育兒世代感到煩惱」的結構。

　　對於並行實施的公眾意見募集，同部會的町民委員將居民聚集，安排能分享願景的場合等，讓全體地區居民能共同參與。最後收集到117則的公眾意見，由此可知居民對公眾議題的關心程度相當高。

　　其中也有「有關以從地區外取得的金錢，讓林產業及農林業的經濟活絡的做法，是很難確定其是否具有將來性。對於這個做法有何想法，

讓人與自然跟未來連結「shimokawa 挑戰」

4

Goal 7
看到孩子們的笑容
及讓未來世代感到
幸福的地區

Goal 1
大家一起挑戰
的地區

17

7 **13**

Goal 6
成為讓世界當作
目標的地區（去碳
化社會，對 SDGs
的貢獻）

不放棄任何
人，溫和但堅
強，能夠幸福
生活的永續發
展地區。

Goal 2
一個沒有人會被
拋下的地區

3 **4**
5 **8**
10

9

Goal 5
尊重承續下的文化
及資源，產生新價
值的地區。

Goal 3
不管是人、資源
還是金錢，能夠
循環、永續的
地區。

2 **3**
6 **7**
9 **12**
15

Goal 4
成為像家人一般，
能夠相互體諒的地
區。

1 **11** **16**

圖表 6　2030 年下川町的願景（出自：參考下川町資料 ①，筆者整理）

我希望也可能能寫進去」這樣的具體提案。對於此提案，町公所也給
予「有關願景的說明，因為只記載了重視地區內經濟循環，所以會補
充強化農林業『賺錢力』這個部分的解說」的回覆，這對增加町民參
與意願是非常具有建設性的作法。

　這樣的努力是值得的，有關 2030 年的地區願景「2030 年下川町的
願景：讓人與自然跟未來連結『下川町挑戰』」在 2018 年 4 月達成了
（圖表 6）。「沒有人會被拋下，溫和且堅定，能夠幸福生活的永續發
展地區」是下川町的願景，加上構成要素的 7 項目標，以及為達成各
目標必須進行的事業專案。

　地方自治團體中，也有由行政機關從頭到尾主導方案策畫的例子，
但從地區再造來思考，若換成由居民來主導，可能會產生更大的變化。
因為地方自治團體的員工本來就無法預測方案會走向怎樣的發展可能
會感到不安。下川町因為勇敢踏出這一步，讓地區獲得能有重大改變
的契機。

■ 永續森林未來都市模型的資源積蓄

我們需要了解，下川町在以 SDGs 為背景受到注意之前，將近 20 年都在摸索永續發展的可能。町公所提到，1998 年自願參加的居民組成名為「下川產業群研究會的自主研究組織」，提倡「創造經濟、社會、環境協調的永續發展地區」。

之後，在 2007 年策畫的地方自治基本條例前文中，提到「以實現永續發展地區社會為目標」。從 2011 年起，被選定為 SDGs 未來都市的前身「環境未來都市 ②」，以森林生物質為主要的能源自給自足的做法等，建構以町有林（市有林地）的利用、活用作為主軸的循環型森林經營模型，在當時就受到相當注目了。

下川町擁有約 4,700 公頃的寬闊町有林，從種植林木到可以採伐的整個過程以 60 年為一個循環。取得森林管理委員會（FSC）認證 ③ 後所產出的木材，在全世界的市場炙手可熱。

因採伐而產生的未利用根株、殘材等，則利用森林生質能（Bilmass）的製造設備，轉換成木質生質能，作為寒冷地區生活所必需的暖房能源使用。下川町的冬天氣溫最低為零下 30 度，暖房的能源供給是相當大的負擔。因此設置在町內 11 個場所的生質能鍋爐所產生的熱能，可以提供給公家機關及學校等 30 個設施暖氣及溫水。現在，地區的熱自給率到達 56％，藉由能源的轉換，地區全體的二氧化碳排出量減少了 20％，實現了一年可減少約 2,600 萬日圓（近 600 萬台幣）的能源購買成本。而這些因能源轉換而省下的成本，轉而使用在地區育兒補助等，對下一代的投資。

■「一橋生物村」能源自給自足型住宅區

有關永續發展的森林未來都市模型的代表建設之一，就是「一橋生物村」。

距離下川町的中心約 12 公里左右的一橋地區，在高峰期的 1960 年，約有 2,000 人居住在此。但隨著林業及木材加工業的衰退，人口也逐漸減少，現在大概只剩下 130 人左右，高齡化比例則超過了 50%。

町公所為了讓這個地區的生活能夠自足與安定，提出「應對超高齡化的熱能自給自足型的集合住宅區」的目標，並從 2010 年開始進行。與居民持續討論後，終於在 2013 年 5 月完成。各戶以位於屋頂下的走廊相互連結，建蓋成 22 戶的集合住宅，室內皆有無障礙設計，而房間配置從 1 房 1 廳到 3 房 1 廳都有。

用地內設有 2 座的木質生質能鍋爐（圖表 7），利用森林生質原料提供給暖房及熱水供應所需的熱能。此外運用此熱能進行溫室栽培香菇（圖表 8），年銷售額高達 7,000 萬日圓（約台幣 1,600 萬）。

在此地區沒有商店也沒有醫院，買東西及剷雪等支援的請求持續增加，這些課題都已表面化，由社區復興合作小組為中心，經營社區食堂，使用在地產品等，為地區活性化而努力。

圖表 7　一橋地區的地區熱供應系統

圖表 8　公所員工而且也是香菇栽培負責人的平野優憲先生（左）及香菇（右）

■ SDGs 未來都市「第一世代」的現在地

下川町榮獲第 1 回「日本 SDGs 獎」大獎背後，是如此地將對未來的洞見經年累月地反映在一連串的政策上。「SDGs 未來都市部會」擔任部會長的麻生翼先生（圖表 9）告訴我們，「在環境嚴峻的地區，更不能不思考永續性。而努力的結果，在 SDGs 脈絡中得以評估」。

可以說作為「第一世代」尋找新出路的下川町，採用 SDGs 後，經過 4 年至今，仍給人還在加速推動的印象。

積極推動的事情之一，就是與年輕人合作。鼓勵到町公所實習就是其中的一個方法，活用社區復興合作小組，提供一個不必憂慮生活費，能夠全心投入的環境等。

STEP 4 也介紹過，就讀慶應義塾大學研究所碩士課程的清水瞳小姐（圖表 10）就是其中一人。共同參與了 2018 年 2 月舉行的 SDGs 未來都市部會，之後同年 8 月，進行 10 天的短期實習。2019 年 6 月開始，大約半年時間在下川町公所的 SDGs 推動策略室正式實習，擔任「下川町 SDGs 大使」負責 SDGs 的社區內外推廣及加強資訊傳達的工作。

圖表 9　聽取筆者（右前）等人的意見，擔任未來都市部會長的麻生翼先生（左前）。

在下川町，稱為「下川町熊（Shimokawa Bears）」的移住促進事業，從 2017 年開始運作。也是活用社區復興合作小組的作法，希望能從全國募集到共同設立推動永續發展地區再造的事業夥伴。

圖表 10　向視察者介紹一橋集合住宅村的清水瞳小姐。

查看詳列事業內容的特設網站，得以知道「讓下川版 SDGs『2030年下川町之願景』的 7 項目標，可以透過事業來達成」這個條件下進行公眾募集。連同目標，網站也舉出事業案例，如第 6 項目標「成為讓世界當作目標的地區」就明列「嚴守零排放的木材加工，開發新的產品」以及「利用木質生質能鍋爐的餘熱進行新的事業」。對想開創這些事業的町外遷移志願者來說，這是一個幫助他們下定決心遷居的計畫。

蓑島室長表示，「SDGs 這個契機帶來的重大改變是，合作夥伴關係的範圍變寬廣了」。跟吉本興業合作「SHIMOKAWA 森喜劇」公演就是實現的例子之一。討論合作公演時，靠著大家一起籌資，讓社區內外皆有同感，而社區居民也參加了演出等，這是合作方法之一。

下川町以 SDGs 為契機，提升了「對沒有答案的問題，可以自己思考的能力」。不是跟鄰近地方自治團體齊頭並進，而是將 SDGs 當作跳板，往外甚至是將視野放至國外，經歷過「自己也能辦到」的成功體驗，下川町今後一定也能繼續改善本身的狀況的。

圖表 11　下川町熊的網站（出自：下川町熊網站）

提升國際存在感

神奈川縣

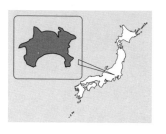

■ 以鄰近地區全體對推行狀況給予評價

有人說 2018 年是「SDGs 元年」，可見這是日本國內的地方自治團體迅速推動，朝著達成永續發展目標（SDGs）而努力的一年，最大原

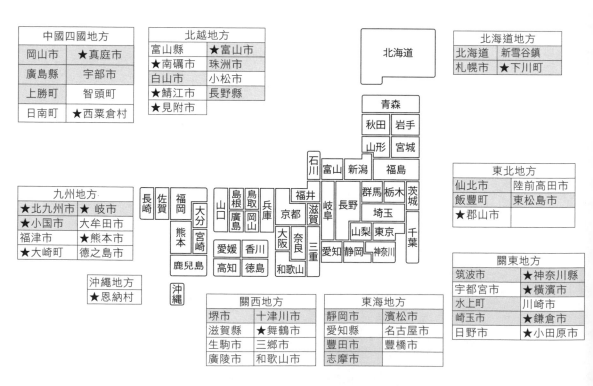

中國四國地方	
岡山市	★真庭市
廣島縣	宇部市
上勝町	智頭町
日南町	★西粟倉村

北越地方	
富山縣	★富山市
★南礪市	珠洲市
白山市	小松市
★鯖江市	長野縣
★見附市	

北海道

北海道地方	
北海道	新雪谷鎮
札幌市	★下川町

青森

秋田　岩手

山形　宮城

石川　富山　新潟　福島

東北地方	
仙北市	陸前高田市
飯豐町	東松島市
★郡山市	

九州地方	
★北九州市	★岐市
★小国市	大牟田市
福津市	★熊本市
★大崎町	德之島市

沖繩地方	
★恩納村	

長崎　佐賀　福岡　大分　宮崎

山口　島根　鳥取　兵庫　福井　岐阜　長野　群馬　栃木　茨城

廣島　岡山　京都　滋賀　埼玉

熊本

愛媛　香川　大阪　奈良　山梨　東京　千葉

鹿兒島　高知　德島　和歌山　三重　愛知　靜岡　神奈川

沖繩

關西地方	
堺市	十津川市
滋賀縣	★舞鶴市
生駒市	三鄉市
廣陵市	和歌山市

東海地方	
靜岡市	濱松市
愛知縣	名古屋市
豐田市	豐橋市
志摩市	

關東地方	
筑波市	★神奈川縣
宇都宮市	★橫濱市
水上町	川崎市
崎玉市	★鎌倉市
日野市	★小田原市

圖表 12　2018 ～ 19 年度被選定為 SDGs 未來都市一覽表

因應該是政府推動的「SDGs 未來都市」及「地方自治團體 SDGs 模範事業」。SDGs 未來都市得到部會橫向的支援，能夠將成功事例傳播至國內外。而地方自治團體 SDGs 模範事業，可以拿到最高 4,000 萬日圓（約 900 萬台幣，2019 年度的上限是 3,000 萬日圓，約 677 萬台幣）的補助金。

被選定為模範事業的 10 個都市中，神奈川縣就有 3 個地方自治團體（神奈川縣、橫濱市、鎌倉市）上榜。看起來好像有地區性的偏頗，但倒不如說，這正代表著此地區全體都積極地在推動 SDGs。之後在 2019 年，有川崎市及小田原市的加入，包括神奈川縣在內，鄰近地區就有 5 個是 SDGs 未來都市（圖表 12）。

■ 廣大地區的地方自治團體的領導能力及綜合觀點

2018 年夏天，從神奈川縣鎌倉市的由比濱打撈上來的一尾藍鯨，發現牠的胃部有塑膠垃圾後，便發表「神奈川零塑膠垃圾宣言」。縣內的餐飲店及超商等共同合作，致力廢除塑膠吸管及購物袋的使用，並力行回收。作為東京 2020 年奧林匹克運動會的帆船競技會場的湘南港（江之島遊艇港口），在此專設了兩台海洋塑膠垃圾回收裝置（Seabin），實際嘗試將海洋中的塑膠垃圾進行回收。

2019 年 1 月，由神奈川縣主導，跟橫濱市、鎌倉市一起，得到包括縣內 33 個市町村、都道府縣在內，共有 93 個地方自治團體的同意，在橫濱舉辦「2019 年 SDGs 全國論壇」。除內閣府特命擔當大臣及外務副大臣外，縣內外也有許多首長出席，抵達會場的超過 1,200 人。而且得到包括縣內 33 個市町村、都道府縣在內，共有 93 個地方自治團體同意，發表了從地區發起的，官民合作共同推動 SDGs 的「SDGs 日本模範宣言」（2019 年 12 月現在，157 個地方自治團體贊同）。跟範圍廣泛的地方自治團體建立合作夥伴關係，發揮領導能力的是神奈川縣的特色之一。

除此之外，神奈川縣整理縣內有關 SDGs 的做法，製作了「SDGs 行動電子書 KANAGAWA」，希望從小孩到大人，向更多的縣民宣導有關 SDGs 的做法。

關於這些方法，神奈川縣 INOCHI‧SDGs 擔當理事的山口健太郎先生表示，「諸如支援障礙者的相關活動，也會尋求跟環境團體合作的可能性等，對於地區的課題，必須以 SDGs 為主軸，以多面向的夥伴關係來進行。」將 SDGs 作為契機，帶給地方自治團體綜合性的觀點。

■ 提高在國外的存在感，在國際舞台發聲。

神奈川縣在國際會議中，積極地將此方法傳播出去，成功的提高存在感。

2019 年 7 月，收到聯合國的邀請，同月份的 16 日，在紐約聯合國總會舉辦的「永續發展永續發展高階政治論壇」（次節詳述）的主要活動「Local 2030」，黑岩祐治知事登台發言。針對神奈川縣有關 SDGs 的做法，以及在「SDGs 全國論壇 2019」發表的「SDGs 日本模範」宣言進行報告，在會場中引起熱烈迴響。

隔月 8 月底，在橫濱舉辦的第 7 次東京非洲發展國際會議（TICAD7）上，聯合國開發計畫（UNDP）的阿奇姆‧施泰納負責人及黑岩知事締結了，在日本國內外推動 SDGs 在地化的「合作宗旨書」。以此為契機，收到 UNDP 的邀請，在 UNDP 主辦的聯合國總會的會外活動「Making Cities For All」上，川廷昌弘先生（神奈川縣負責推動 SDGs 顧問）上台再度向紐約以及全世界展現神奈川縣的做法。

在此會外活動中，除聚集了美國紐約市及洛杉磯市外，還有拉巴斯市（玻利維亞）、杜拜市（阿拉伯聯合大公國）等，來自世界各地的講者，進行資訊的分享。共同分享地方自治團體的優秀案例，相信有助提升日本的地方自治團體在世界的存在感！

■ 與溝通專家共同合作

在前面提到的會外活動上登台的川廷先生，在廣告公司「株式會社博報堂 DY 控股」擔任集團宣傳‧IR（Invistor Relations）室 CSR 集團推動部長的社會溝通專家。

演說中，川廷先生表示希望將 SDGs 觀點放在下一世代的身上（圖表 13）。

「We cannot betray Greta Thunberg, we cannot betray next generations anymore! Show that local governments can actually change the world by involving both private sectors and public sectors.」④（翻譯：我們不能辜負格蕾塔‧桑伯格，我們不能再辜負下一代了！地方政府實際上可以通過私營部門和公共部門的參與來改變世界。）

以如此能夠抓住 SDGs 本質的用詞，向社會傳達其意義及促進行動帶來之效果，為讓推動速度加快，需透過邀請專家，並積極地採納意見，而且神奈川縣為達成 SDGs 也與企業共同合作，並且採取按效益付費的民間委託等，納入各種不同的民間支援方式。

圖表 13 在聯合國總部的 UNDP 主辦活動中發表的川廷先生。

活用 SDGs 與世界共同學習

■ 世界觀點的後續審查「永續發展高階政治論壇」

有關各國進行的 SDGs 做法，能夠作為全世界高階後續審查的，就是由聯合國主辦，稱為「永續發展高階政治論壇（以下稱 HLPF）」的國際會議。而在 2030 議程的「後續審查」項目中，它被賦予擔任中心任務的角色。

HLPF 是在紐約的聯合國總部，由聯合國經濟及社會理事會在每年 7 月舉辦的，由各國政府的內閣等級官員出席參加。不光是政府相關人士，也聚集了來自世界各地的地方自治團體、商業界領袖、NGO 等人士。另外每 4 年 1 次，在聯合國總會，也會舉辦由各國首腦級人士出席的，稱為「聯合國永續發展高峰會（SDGs Summit）」。

年	審核對象的核心目標	會外活動數	會外活動之主題（例）
2017	**1** 消除貧窮　**2** 消除貧窮　**3** 良好健康和福祉　**5** 性別平等　**9** 產業創新與基礎建設　**14** 水下生命　**17** 夥伴關係	147	沒有飢餓的世界—所有人皆能攝取足夠的營養—(Toward a hunger-free world, with adequate nutrition for all)
2018	**6** 潔淨水資源　**7** 可負擔的潔淨能源　**11** 永續城市與社區　**12** 負責任的消費與生產　**15** 陸域生命　**17** 夥伴關係	260	朝向在亞洲太平洋地區建立永續都市 (Toward Sustainable Cities in Asia-Pacific)
2019	**4** 優質教育　**8** 尊嚴就業與經濟發展　**10** 減少不平等　**13** 氣候行動　**16** 和平正義與有力的制度　**17** 夥伴關係	156	SDGs 的本土化：2030 議程中，地方政府扮演的角色及影響。(Localizing the SDGs: the role and impact of local authorities for the 2030 Agenda)

圖表 14　永續發展高階論壇提到的核心目標及場外活動數

HLPF 的中心計畫之一，就是讓各國發表、分享 SDGs 推動進度的「國家自願檢視報告（Voluntary National Review; VNR）」。2016年有 22 個國家，2017 年有 43 個國家，2018 年有 46 個國家，然後在2019 年則有 47 個國家加入，參加的國家數有逐年增加的趨勢。

HLPF 在每年都會從 17 項核心目標中選出幾個主題，然後針對各主題，在聯合國內外舉辦評論會或是會外活動（圖表 14）。2018 年指定了 SDG6「潔淨水資源」、SDG7「可負擔的潔淨能源」、SDG11「永續城市與社區」、SDG12「負責任的消費與生產」等，跟地方自治團體公共服務有關的核心目標，從世界各地有許多地方自治團體相關人士聚集到紐約。另外紐約市，以及日本的 3 個地方自治團體（下川町、富山市、北九州市），是世界上首次發表地方自治團體等級的 SDGs作法，後來整理成「城市自願檢視報告」，位於世界的先驅。

■ 日本政府及地方自治團體的作法

日本政府在 HLPF 的參與，2017 年由外務大臣發表，包括了「SDGs推動本部」的設置，以及「SDGs 推動圓桌會議」等，透過意見交換來訂定的「SDGs 實施方針」之外，也介紹了政府等組織的做法。另外在2019 年 9 月舉辦的 SDGs 高峰會，總理大臣也列席參加。

2018 年 7 月 16 日舉辦的「地方・地區政府論壇」，以及隔天的 17日由日本政府主辦的「朝著實現永續發展都市，亞洲太平洋地區的主動權」中，北九州市作為日本唯一參加的地方自治團體，由北橋健治市長出席並且進行發表，分享前面提過的報告。

日本的地方自治團體很積極參加類似的場合，首長及員工能親自體會各國達成 SDGs 的狀況，並得到有助於產生新方法的觀點。活用此經驗，提升地方自治團體對 SDGs 的做法，那麼各地方自治團體的強處以及遠見，被國際認可的機會就會增加，地方自治團體得到的國際

協助或許也會擴大。日本的地方自治團體進行的政策、施行措施當中，對世界上的地方自治團體來說，應該有很多是值得它們參考的。

事實上，筆者所屬的團體（SDGs-SWY）跟 IGES 等，共同整理了日本的地方自治團體做法的「日本的地方自治團體 SDGs 地圖」，在 2018 年 7 月的永續發展高階政治論壇發放時，得到許多海外的地方自治團體的關注（圖表 15）。

在今後的幾年，希望會有更多的地方自治團體在類似的國際會議上發表案例，與世界其他的地方自治團體相互學習。

■ 依據正確的優良案例

本節在一開始介紹的，在 HLPF 等的國際會議上，發表了許多地方自治團體的 SDGs 優良實例，更因為網際網路的發達，很輕易地就能

圖表 15　實際發放的「地方自治團體 SDGs 地圖」。

搜尋到世界各地的實例。但理所當然的，完全不做任何改變，就把優良實例套用在自己的地方自治團體上，也不保證一定就會成功。

　　譬如，A 市跟 B 市想要解決的課題是相同的，但是課題的背景，實際上影響課題的各個問題，以及利害關係者、地區都是不同的。就像在 STEP 2 所進行的，必須要確實分析每一個在課題背後的問題才行。像圖表 16，如果在 A 市有成功的優良實例，那麼 B 市想要引用這個優良實例的話，首先要分析優良實例，掌握其原理原則，理解成功的主要原因是什麼，讓抽象度提升。然後為了配合 B 市的狀況，重新構成後讓它具體化。這個過程很容易被忘掉，要特別注意。

　　記住在地化的結構，從優良實例獲得新的觀點，以及想出解決對策的靈感，進一步地，提升新的解決對策之規模。

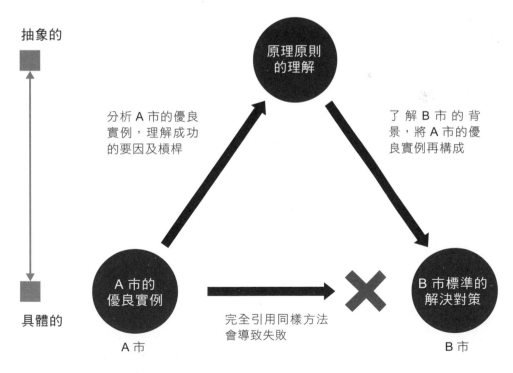

圖表 16　參考優良實例時須注意的地方

■ 就算是「追求熱度」也沒關係，要先試著自己努力。

觀察 SDGs 的全球動態，應該可以發現在這 4 年，全都花費在 SDGs 的推廣上。而得到的結果是，SDGs 的知名度確實提升了，在各個不同場合都會提及。不過只是提升知名度的話，並不能算是達成目標。在今年 9 月舉辦的 SDGs 高峰會議中，明確提出「Gearing up for a decade of action and delivery for sustainable development」（為永續發展的十年行動與承諾做好準備）的政治宣言，強調為達成 SDGs 必須要採取行動。

就算一開始是「追求熱度」也沒關係。每個人原本都只是在追求熱度，沒有熱度又怎會被吸引呢？越多人知道 SDGs，按照自己的方式去解釋，再想出達成 SDGs 的方法，最後就能建構一個以 SDGs 為目標的永續發展社會了。

註

1. 下川町資料是引用公開於該町網站的內容。
    「2030 年，下川町願景～人及自然與未來的連結『SHIMOKAWA 挑戰～』」
    https://www.town.shimokawa.hokkaido.jp/section/kankyoumira/files/01SDGs_vision.pdf
    （最後存取日：2019 年 11 月 10 日）

2. 希望能成為，應對有關環境及高齡化等人類共同的課題，創造環境、社會、經濟三層面的價值，以實現「任何人都要住的社區」及「每個人都有活力的社區」為目標，採用先進的計劃的都市、地區（內閣府地方創生推進事務局〈https://www.kantei.go.jp/jp/singi/tiiki/kankyo/〉）。內閣府從 2011 年起，舉辦選定活動，像是下川町及富山市、北九州市等，而這也是與之後選定 SDGs 未來都市有關。

3. 有關 FSC 的認證，WWF 日本在網站的說明如下，「FSC（R）（Forest Stewardship Council（R）、森林管理協議會是，認證世界上生產木材的森林，以及從被認證森林砍伐出來的木材的流通及加工過程的國際機構。此認證只頒發給，顧慮到森林環境的保護，對地區社會有利，在經濟方面也能以永續的形式生產的木材。購買貼有 FSC 標誌的產品，消費者就能間接支持維護世界森林的一種架構」。

4. 「透過 SDGs 改變生活方式」『SHONAN VISION Social Magazine』vol.24（2019 年 8 月）、pp.2-10

5. HLPF 網站
    https://sustainableledevelopment.un.org/hlpf/2019

參考文獻

1. 蟹江憲史（2017）『永續發展目標為何，邁向 2030 年的改革議程』pp.1-20、minerva 書房
2. 下川町網站
    https://www.town.shimokawa.hokkaido.jp/section/kankyoumirai/2018-0423_SDGs_vision.html
    （最後存取日：2020 年 1 月 16 日）

3. SHIMOKAWA 熊 2020 網站
    https://shimokawa-life.info/shimokawabears/
    （最後存取日：2020 年 1 月 16 日）

4. 下川町網站「意見募集（public comment）的意見內容及回答」
    https://www.town.shimokawa.hokkaido.jp/section/kankyoumirai/files/02SDGs_public_comment.pdf
    （最後存取日：2020 年 1 月 16 日）

5. 內閣府「SDGs 未來都市等的選定結果及今後做法」
    https://www.kantei.go.jp/jp/singi/tiiki/kankyo/kaigi/dai7/SDGs_hyoka7_shiryo1.pdf
    （最後存取日：2020 年 1 月 16 日）

6. 內閣府「令和元年度「SDGs 未來都市」等的選定」
    https://www.kantei.go.jp/jp/singi/tiiki/kankyo/teian/2019SDGs_pdf/SDGsfuturecitypress0701.pdf
    （最後存取日：2020 年 1 月 16 日）

7. United Nations「SSUTAINABLE DEVELOPMENT GOALS KNOWLEDGE PLATFRM」
    https://sustainabledevelopment.un.org/hlpf/2019
    （最後存取日：2020 年 1 月 16 日）

8. WWF 日本網站「對環境友善的森林認證制度，有關 FSC」
    https://www.wwf.or.jp/activities/basicinfo/3547.html
    （最後存取日：2020 年 1 月 16 日）

後 記
期待人人能夠把 SDGs 當作自己的事

非常感謝讀完這本書的各位讀者。從眾多與 SDGs 相關的書籍當中選擇了本書,真的非常開心。

能夠出版此書,是我一直以來的目標。大概兩年半前,我離開了地方自治團體,為了研究 SDGs 的在地化等而前往美國的時候,SDGs 並不像現在這樣廣為人知,為了實現 SDGs 而努力的地方自治團體更是少之又少。

但我相信,總有一天 SDGs 會遍及全國地方自治團體,邊摸索邊運用的時期一定會到來。同時也可想像得到,接觸 SDGs 這個全新的用語,苦惱著要怎麼活用的地方自治團體員工的模樣。

這是當然的,大部分位於基礎的地方自治團體,幾乎不會跟聯合國或國際社會有交集。因此我能夠深刻體會到,會陷入必須依賴學者及顧問公司的情形。在這種情況下,我更加覺得不能只是紙上談兵,而是要以當事人,也就是地方自治團體員工及居民為中心,發現新的可能性,再將它具體呈現出來。

其實,大概在 20 年前,我曾前往巴西的里約熱內盧進行短期的足球留學。根據地區的不同,可以看到上下水道的設施不完善、垃圾亂丟、貧困的景象。於是我注意到「地方自治團體」的重要性,立志成為公務員。實際開始工作,覺得日本的地方自治團體員工的工作,在世界中是很值得驕傲的。但即使是這樣的日本,還是會有 LGBTQ 及有障礙的人們,女性、高齡者、單親家庭等處於困境的人們。而且也有環境問題等,可能會影響到未來的課題。

因此我想要實現「包括未來的世代在內，每個人都能安心居住的社區。」這是我的信念，也包含著為實現 SDGs 的啟示。

實際面對後，對地方自治團體員工來說，SDGs 是非常難懂的商品。想認真地去活用 SDGs 的話，那麼地方自治團體員工也需要很拚命才行。過程中，或許會希望「SDGs 千萬別戳地方自治團體的痛處」。那麼為了避開痛處，有些地方自治團體會稍微「應付」一下 SDGs 就結束了。但是對看過本書的各位，我期待能夠「活用」SDGs，想著每一位居民的臉，致力於改善政策、施行措施及事業。要是本書能幫到各位，那就太棒了。

在地方自治團體工作，會有機會接觸範圍廣泛的利害關係人（利益相關者）。在這樣的狀況中，善於協調的地方自治團體員工，在機關內外的各種關係中，無意識地可能會發現「妥協處」。

SDGs 是從訂下充滿野心的「超高目標」開始的。而且其高度是不知道「妥協處」的人才會設定那麼高的目標。如果是會引起機關內外贊同、反對兩極論的目標高度應該是最剛好的。以 SDGs 為契機，設定會覺得「這個目標是不是太高了」，有點不合理的高度，描繪新的社區模樣，從小地方改善累積，努力去實現目標。

在書的一開始，設定了希望手中有本書的各位，可以戴上「SDGs 眼鏡」，最起碼可以站在「當作自己的事的階段」，而在實際看過此書後，如果能夠達到這個階段的話，我真的會非常高興。然後以本書為契機，期待各位能夠比「當作自己的事的階段」更往前進。

2020 年 2 月吉日　高木超

謝　辭

　　首先，要特別感謝學藝出版社的松本優真先生。在東京車站附近的咖啡廳，第一次開會時給我的感覺，就是他「什麼書都喜歡」。是一位能夠感受到「希望能出版好的書」熱情的編輯，謝謝他直到出版之前，都能夠負責協助我。

　　非常感謝，製作了在 STEP 1，介紹過的兩款卡片遊戲的，培育主持人的 PROJECTDESIGN 股份有限公司的竹田法信先生，以及作為公認的主持人，主要以北海道為中心活動的黑井理惠小姐（DKdo 股份有限公司董事）的協助。

　　在 STEP 2，鹿兒島大崎町的中野伸一先生、松元昭二先生，森田晃代小姐，在我參訪的時候，從早上資源回收一直到深夜，詳細地說明有關大崎町的做法等，感謝各位耐心的配合。

　　在 STEP 2 及 STEP 3 介紹的工作坊方法在開發之際，感謝給予協助的神奈川縣內的地方自治團體員工所成立的，橫向自己研究小組「神奈川自治政策研究會（K33 網絡）」的各位。尤其是 2019 年 7 月舉辦的工作坊的試運行，謝謝岩村啟史、久保田慶太、久保田美紀子、佐藤佑香、照山倫廣、堂谷拓、中川 AYUMI、松本裕之、松本綾子等的參與，給我相當多的建言。

　　STEP 4 的前半介紹的「能登 SDGs 評估方案」的共同研究者，北村健二（能登 SDGs 實驗室統籌）、永井三岐子（聯合國大學永續發展高等研究所 ISHIKAWA KANAZAWA Operating Unit Ishikawa/Kanazawa 事務局長），然後參加方案的各位，感謝你們大力的支持。

在書的後半段，感謝大津市的中谷祐士先生的鼎力相助，而在介紹鎌倉市的實例時，除了感謝松尾崇市長、比留間彰先生外，也很感謝其他給予協助的各位。

　　在終章介紹下川町的實例時，感謝下川町的蓑島豪先生、平野優憲先生，以及綜合計畫審議會 SDGs 未來部會長的麻生翼先生、下川町 SDGs 大使清水瞳小姐、和田惠小姐的協助。介紹神奈川的實例時，神奈川縣顧問的川廷昌弘先生、SDGs‧INOCHI 擔當理事的山口健太郎先生、SDGs 推進課的清水潮音的協助。而且本研究的一部分，使用（獨）環境再生保護機構的環境研究綜合推動費來實施。

　　承蒙這麼多人的協助，才能順利完成本書。由衷的感謝各位。其他在這裡沒有感謝到，但平日就支持我的各位，真的非常謝謝你們。

　　另外，能夠接受現在作為上司，總是在背後支持我的蟹江憲史老師（慶應義塾大學研究所），以及研究所的恩師，源由理子老師（明治大學公共政策研究所），以及其他非常敬重的各位老師的指導，才會有現在的我。再次深表感謝！

　　最後，要對在辭去公務員，前往美國留學時，以及回到日本擔任大學講師的時候，一直相信我並給予全力支持的家人們，表達由衷的感謝。

2020 年 2 月 橫濱‧MINATOMIRAI　高木超

我們想要的未來④

SDGs 地方治理實踐手冊
官方民間最實用的地方創生、社區改造知識與方法

作　　　者：	高木超
譯　　　者：	張秀慧
封面設計：	盧穎作
美術設計：	洪祥閔
特約編輯：	謝杏仁
選　　　書：	莊佩璇
社　　　長：	洪美華
責任編輯：	何　喬
出　　　版：	幸福綠光股份有限公司
地　　　址：	台北市杭州南路一段 63 號 9 樓之 1
電　　　話：	(02)23925338
傳　　　真：	(02)23925380
網　　　址：	www.thirdnature.com.tw
E - m a i l：	reader@thirdnature.com.tw
印　　　製：	中原造像股份有限公司
初　　　版：	2023 年 8 月
郵撥帳號：	50130123 幸福綠光股份有限公司
定　　　價：	新台幣 450 元（平裝）

國家圖書館出版品預行編目資料

我們想要的未來④ SDGs 地方治理
實踐手冊：官方民間最實用的地方
創生、社區改造知識與方法／高木
超著，張秀慧譯 -- 初版 . -- 臺北市
: 幸福綠光, 2023.08
面；　公分

ISBN 978-626-7254-24-0（平裝）
SDGs× 自治体 実践ガイドブック

1. 地方自治　2. 永續發展

575　　　　　　　　　112010655

本書中的標題、地點、人物等
是日文版時的內容。

Original Japanese title: SDGs × JICHITAI JISSEN GUIDEBOOK
© Cosmo Takagi 2020
Original Japanese edition published by Gakugei Shuppansha
Traditional Chinese translation rights arranged with Gakugei Shuppansha
through The English Agency (Japan) Ltd. and AMANN CO., LTD, Taipei.

附錄 幫幫我骰子

那個方法實現的話，自己的工作也

如果有想要讓他高興的人，他是誰？

那個方法實現的話，自己的工作也

好像可以達成的共同目標是？

那個方法實現的話，自己的工作也

好像能夠簡單化的工業務是？

黏貼處

黏貼處

那個方法實現的話，自己的工作也

好像能提高價值的業務是？

黏貼處

黏貼處

那個方法實現的話，自己的工作也

能很快就有結果的業務是？

那個方法實現的話，自己的工作也

好像可以縮減預算的業務是？

黏貼處

黏貼處

黏貼處

新自然主義

新自然主義